마르틴 루터

마르틴 루터

지은이 김학중
펴낸이 안용백
펴낸곳 (주)넥서스

초판 1쇄 발행 2011년 12월 25일
초판 2쇄 발행 2011년 12월 30일

출판신고 1992년 4월 3일 제311-2002-2호
121-840 서울시 마포구 서교동 394-2
Tel (02)330-5500 Fax (02)330-5555
ISBN 978-89-6000-841-0 03230
      978-89-6000-585-3 (세트)

저자와 출판사의 허락 없이 내용의 일부를 인용하거나
발췌하는 것을 금합니다.

저자와의 협의에 따라서 인지는 붙이지 않습니다.

가격은 뒤표지에 있습니다.
잘못 만들어진 책은 구입처에서 바꾸어 드립니다.

www.nexusbook.com
넥서스CROSS는 (주)넥서스의 기독 브랜드입니다.

성서의 권위를 강조한 종교개혁자

마르틴 루터

김학중 지음

넥서스CROSS

머리말

한 알의 밀알이 땅에 떨어져 죽으면 많은 열매를 맺는다는 것이 성경의 중요한 가르침이다. 눈물로 씨를 뿌린 사람들은 반드시 열매를 맺게 되는 것이 진리이고 법칙이다. 이 한 알의 밀알에 해당하는 믿음의 거장들의 감동적인 이야기를 풀어놓고 싶다는 생각이 들었다.

사람들은 위인들의 업적만을 놓고 판단하기에 그러한 열매를 맺기까지의 어려운 과정들은 간과하기 쉽다. 그래서 그 험난한 과정을 인간미 넘치는 필치로 담고 싶었다.

믿지 않는 사람들에게 복음을 전하면, 복음을 거부하면서 하는 여러 가지 말이 있다. 그 중 한 가지는 '복음이 까칠하다'는 것이다. 왜 그렇게 여길까? 복음을 단지 이론으로, 건조한 이야기로 생각하기 때문이다. 또는 결과만을 놓고 이야기해서 그 과정을 모르기 때문이다. 과정을 아는 것은 참으로 중요하다. 복음을 따라 살아온 믿음의 거장들의 이야기를 접한다면 이 땅의 많은 사람이 분명히 하나님께로 돌아오리라 생각한다.

일반적으로 위인전은 위인을 미화하는 경향이 있다. 태어날 때 특별한 태몽이 있든지, 성장기가 남달랐다든지 등 일반적인 것부터 지극히 세세한 것까지 미화한다.

그러나 믿음의 거장들의 이야기를 하면서 결코 특정한 인물을 미화하지는 않을 것이다. 사람 냄새 나는 그들의 삶을 이야기할 것이다. 복음이 그들의 삶에 어떤 영향을 끼쳤는지 깊게 살펴볼 것이다.

나아가 이 책이 독자로 하여금 공감대를 형성하고 인생

의 지표를 확립하는 데 도움을 줄 것이라고 생각한다.

믿음의 거장들에 대한 정직한 묘사를 통해 우리가 배워야 할 것을 독자 스스로 발견하기를 기대한다. 거장 한 사람의 위대함은 곧 전능하신 하나님의 위대함이라는 사실을 그들의 일대기를 통해 공유하고자 한다. 또한 하나님은 우리의 연약한 모습에도 불구하고 우리를 사용하신다는 사실을 알리고 싶다.

믿음의 거장들의 이야기를 통해 감히 전능하신 하나님 앞에 설 수 있는 나 자신을 발견하기를 기대해본다. 인생에서 실패했다고 위축될 것 없고 승리했다고 자만할 것 없다. 실패했다고 해서 다시는 기회가 없는 것도 아니고 성공했다고 해서 그것이 내 힘으로만 된 것도 아니기 때문이다.

이제 믿음의 거장들의 실패와 성공을 통해 평범한 사람들을 회복시키시는 하나님의 모습을 살펴보자.

김학중

차례

머리말 _04
생애 개관 _10

1장 몸으로 느낀 영적인 삶
태어나자마자 세례를 받다 _19
성경을 통해 자신을 고민하다 _24

2장 하나님과의 약속을 지키다
벼락 사건으로 꽃핀 신앙심 _33
타락한 교회 냄새를 이긴 순종의 삶 _38
탑 속에서 깨달은 복음 _43
기독교 역사를 바꿀 혁명의 시작 _47

3장 변하지 않는 신념의 신학자
하이델베르크 논쟁 _55
성경 왜곡에 일침을 가하다 _61
교황의 회유책도 물거품으로 _67
라이프치히 논쟁 _71
저술을 통해 세상에 말한 참된 신앙 _81
파문된 루터가 로마 교회를 파문하다 _89

4장 하나님 말씀으로 개혁을 외친 신학자

양심을 외친 보름스 제국회의 _95
바르트부르크 성의 은둔 생활 _104
독일어 성경을 출판하다 _113
하나님의 왕국, 세상의 왕국 _118
새로운 복음 사상이 갇히고 마는가? _124

5장 은혜로, 믿음으로, 오직 그리스도로

비텐베르크의 새벽별과의 인연 _133
에라스무스와 츠빙글리와의 논쟁 _138
아우크스부르크 신앙고백 _143
하나님께 영혼을 부탁하다 _147

생애 연보 _151
참고문헌 _153

생애 개관

독일의 종교개혁자이자, 신학자인 마르틴 루터는 아이슬레벤에서 장남으로 태어났다. 맨스필드로 이사를 한 루터의 아버지는 사업에 성공하여 중세 말에 한창 득세하던 시민계급으로서 자식을 교육시켜 성공시키기 위해 노력했던 사람이었다.

1501년 에르푸르트 대학에 입학한 루터는 일반 교양 과정을 마치고 1505년에는 아버지의 뜻을 따라 법학 공부를 시작했다. 그러나 고향을 방문하고 다시 학교로 돌아가는 어느 흐린 날, 루터는 길에서 벼락에 맞아 죽을 고비를 가까스로 피한다. 이 사건을 계기로 루터는 그 자리에서 수도사가 되기로 하나님께 서원하고 에르푸르트의 어거스틴 수도회에 들어가게 된다. 그는 아버지의 반대에도 불구하고 수도원 생활을 하며 1507년에 사제가 되었고, 비텐베르크로 옮겨 살면서 1512년에는 신학 박사가 되었다. 그 이듬해부터 성서 강의를 시작하였다.

1515년, 루터는 〈로마서〉를 강해하기 시작하면서 로마서 1장 "의인은 믿음으로 말미암아 살리라"는 구절을 깊이 묵상하다가 자신이 그동안 가지고 있었던 구원에 대한 고민과 문제들에 대한 해결책을 발견하게 되었다. 그는 죄인인 인간이 그리스도를 믿는 믿음을 통해서만 하나님께 의로운 사람으로 인정받고 구원을 얻게 된다는 사실을 이 체험을 통해 비로소 발견하면서 참된 자유와 평안을 얻게 되었다.

이 당시 로마 교황 레오 10세가 산피에트로 대성당을 지을 계획을 세우고 있었는데, 이를 위해 막대한 자금이 필요하자 교황청은 면죄부를 팔기로 했다. 그들은 "헌금함 바닥에 동전이 '딸랑' 하고 떨어지는 순간에 연옥에 갇혀 있던 영혼은 빠져나온다"고 설교하며 사람들에게 면죄부를 사도록 선동했다. 이에 심한 분노를 느낀 루터는 그 해 10월 31일, 비텐베르크 교회의 정문에 라틴어로 쓴

95개조 반박문을 붙였다. 이 논문에서 그는 죄인을 용서하는 것은 하나님만이 할 수 있는 것이며 면죄부를 팔아 죄를 사하는 행위는 하나님을 모독하는 행위라고 비난했다.

이것이 종교개혁의 발단이 되어 1519년 그는 라이프치히에서 요한 에크와 여러 성직자들 앞에서 공개토론을 하면서 로마 교회로부터 이단으로 정죄되었다. 그는 교회의 심문을 받았으며 결국 교황청으로부터 〈엑수르게 도미네〉라는 파문장을 받았다. 그러나 루터가 그 파문장을 공중 앞에서 불태웠다. 이로 인해 그는 독일 황제로부터 보름스 제국회의에 소환되어, 그의 저서를 모두 취소하라는 강요를 받게 되었다. 이때 루터는 말했다.

나의 양심은 하나님 말씀에 사로잡혔기 때문에, 나는 아무것도 취소할 수 없고, 또 취소하지도 않겠습니다. 왜냐하면 양심을 속이는 것은 불확실한 것이며 또 영혼을 위협하는 것이기 때문입니다. 하나님이시여, 저는 이렇게 흔들리지 않고 서 있습니다. 저를 도와주소서. 아멘!

그는 황제 앞에서도 홀로 성경의 진리에 섰던 것이다. 그로부터 9개월 동안 루터는 바르트부르크 성에서 숨어 지내면서 신약성경의 독일어 번역을 완성하였다. 이로써 전 국민이 성서를 읽을 수 있게 되었다.

루터는 비텐베르크로 돌아와서 새로운 교회의 형성에 노력하였다. 그 와중에 토머스 뮌처가 중심이 된 급진적 개혁 운동이 일어나, 결국 독일의 농민들이 폭동을 일으키게 되었다. 루터는 이런 폭력을 통한 개혁뿐만이 아니라 당시 인본주의로 흘러가는 인문주의자들에 대항해서 오직 하나님 말씀을 통해서만 개혁을 이끌어 가고자 노력했다. 그리고 자신이 가르쳐 온 것을 몸소 실천했다.

그중에 대표적인 것이 카타리나 수녀와 1525년에 결

혼을 해서 가정을 이룬 것이었다. 카타리나는 헌신적으로 루터를 내조했고, 루터도 평생 아내를 신실하게 사랑했다. 그들은 6명의 남매를 낳아 길렀다. 루터는 성직자들도 결혼을 통하여 건강한 기독교적 가정을 이루어야 한다고 강조했다. 그 뒤 루터는 말년에 이르기까지 가톨릭 교회와 종교개혁 좌파의 세력들과 계속 대결하며 논쟁했고 성서 강의, 설교, 저작 및 성서 번역 등을 하면서 끝까지 종교개혁의 중심인물로 활동했다. 그는 영주들 간의 분쟁 조정을 위해 여행하던 중 1546년 아이슬레벤에서 63세의 나이로 세상을 떠나며 다음과 같은 기도를 하였다.

하늘에 계신 나의 아버지, 주께서 나에게 주의 사랑하는 아들, 우리 주 예수 그리스도를 나타내 보이셨습니다. 나는 그분을 사람들에게 가르쳤으며, 내 생명처럼 그분을 사랑했습니다. 나의 혼을 주께 드립니다. 내 영을 주께 의

탁합니다. 주께서 나를 구속하셨습니다. 하나님께서 세상을 이처럼 사랑하셔서 그분의 독생자를 주셨으니 이는 그를 믿는 사람은 누구든지 멸망하지 않고 영생을 얻게 하려 하심이라.

평생 하나님 말씀에 사로잡혀 하루에 4시간씩 기도했던 루터는 오직 하나님 말씀과 기도의 능력으로 세계 역사를 뒤바꾼 하나님의 개혁에 온전히 쓰임받았다.

1장

몸으로 느낀 영적인 삶

태어나자마자 세례를 받다

루터는 1483년 11월 10일에 독일의 작센안할트 주의 아이슬레벤Eisleben에서 광산업에 종사하는 아버지 한스 루터Hans Luther와 어머니 마가레테 린데만Margarethe Lindemann 사이에서 태어났다. 루터가 태어나기 1년 전에 한스와 마가레테는 첫 번째 아기를 낳았지만 바로 죽었기 때문에 루터는 실제적인 장남이었다. 루터의 아버지는 루터가 태어난 바로 그다음 날 태어난 지 몇 시간밖에 되지 않은 루터를 담요에 싸서 성 안나 교회로 안고 가 세례를 받게 했다. 마침 그날이 성 마르틴St.Martin의 기념일이라서 루터는 마르틴이라는 세례명을 갖게 되었다.

루터의 아버지 한스는 꽤 엄격한 편이었고, 그는 바트 잘충엔 북부 뫼흐라Mohra라는 마을의 농사꾼 집안의 장남이었다. 그 당시 독일에서는 가족의 재산을 막내아들이 물려 받는 것이 풍습이었기 때문에 장남인 루터 아버지는 재산을 막내 동생에게 주고 더 살기 좋은 곳을 찾아 떠났다.

루터의 어머니 마가레테는 아이젠나흐Eisenach 출신으로 자녀들을 키우는 데 있어서는 엄한 규율과 따뜻한 사랑을 동시에 지니고 있었다. 그녀는 총명하고 음악에도 어느 정도 조예가 있었다. 루터의 부모는 꾸준히 교회를 다니며 신앙생활을 했지만 그들이 가지고 있었던 하나님에 대한 이미지는 죄인에게 분노하시고 심판하시는 엄하고 무서운 하나님이라는 것이 대체적이었다.

루터의 가족은 루터가 태어난 그다음 해에 맨스필드Mansfield로 이사를 했고, 아버지 한스는 그곳 구리 광산에서 소광산연합회의 노조원으로 일을 하게 되었다. 그리고 한스는 1491년에 그 도시의 4인 시민대표 중 한 사람이 되었고, 1502년에는 또다시 시민대표가 되었다.

1490년, 7살이 된 루터는 맨스필드 시가 운영하는 학교에 입학했다. 모든 책이 라틴어로 쓰였기 때문에 루터는 학교에 들어가자마자 라틴어 공부를 시작했다. 여기서 루터는 라틴어를 읽고 쓰는 것과 산수, 그리고 성가대 찬양을 위한 교회음악을 배웠다.

어느 날 루터는 수업 시간에 라틴어 동사의 인칭변화와 명사의 격변화를 제대로 외우지 못해 회초리로 15대를 맞았다. 루터는 이것을 너무도 부당하고 억울하다고 생각하였다. 왜냐하면 그때까지 그는 학교에서 라틴어 동사에 대해 전혀 배우지 않았기 때문이다. 훗날 루터는 맨스필드에서의 그 학교를 가리켜 '어린 영혼의 파괴자'라고 묘사하면서 이렇게 말했다.

어디에서나 선하고 바르게 가르치는 법을 따르지 않는, 그리고 가장 올바르게 가르치고 배우는 방식을 모르는 그런 선생님과 스승이 있다는 것을 우리는 알고 있다. 어린 소년이 배우지도 않은 것을 어떻게 해낼 수 있단 말인가!

루터의 아버지는 농부 집안에서 태어나 고생하며 자수성가한 사람이기 때문에 신분 상승에 대한 욕구가 누구보다 강하였다. 가정에서도 자식들을 엄격하게 가르쳤고, 학교교육에 관련된 것도 무엇이든지 아끼지 않고 지원해 주었다. 그리하여 아버지 한스는 루터가 13살이 되던 1497년에 마그데부르크Magdeburg에 있는 대성당 부속학교로 전학을 보냈다. 이때 처음 루터는 가족을 떠나서 생활하게 되었다. 맨스필드에 있는 루터의 기념상에는 그의 일생에 중대한 세 가지 사건을 글로 조각해 놓았는데 그중에 하나가 다음과 같다.

넓은 세상으로 나아가다Hinaus in die Welt
- 13살짜리 소년 루터가 맨스필드를 떠나다.

이렇게 루터는 인생의 새로운 장을 시작하게 되었다. 새롭게 전학 간 학교는 네덜란드에서 시작된 경건운동인 새로운 경건Devotio moderna의 회원인 공동생활형제단Nullbrüdern이 운영하는 학교였다. 공동생활형제단은 반복되는 수도원의 종교 규정을 꾸준히 지켰고, 영적인 성장에 열중

하여 규칙적인 성경 읽기를 영적인 성장의 필수 조건으로 여겼다. 그래서 루터는 그곳 학생 기숙사에 살면서 수사학과 윤리학은 물론 당대 가장 차원 높은 평신도 영성 훈련을 접할 수 있었다. 맨스필드에서와는 달리 대성당 부속학교의 선생님들은 오로지 학생들이 지식을 사랑하도록 열중했기 때문에, 루터는 마그데부르크에서의 학교생활을 아주 좋아했다.

그러나 1년간의 공부를 마치고 방학 기간을 이용해 맨스필드의 집으로 온 루터에게 아버지 한스는, 루터가 집에 오기 전에 이미 결정해 놓은 대로 루터에게 마그데부르크와는 정반대의 방향에 있는 아이젠나흐로 다시 유학을 보낼 것이라고 말했다.

성경을 통해 자신을 고민하다

루터는 너무 아쉬웠던 1년간의 마그데부르크 대성당 부속학교 생활을 접고 아버지의 뜻을 따라 1498년에 아이젠나흐에 있는 성 게오르그교회 부속 라틴어 학교Die Georgenschule로 전학을 갔다. 그곳은 어머니 마가레테의 고향이었기 때문에 루터가 머물 수 있는 친척 집은 많았다. 그러나 얼마 지나지 않아 친척 집에서 머무는 것이 불편해진 루터는 친척 집을 나오게 되었다. 아버지가 학비를 지원해 주고 약간의 생활비도 보내주었지만 친척 집을 나오게 된 루터에게는 생활비가 턱없이 부족했다. 결국 루터는 생활비를 마련하기 위해 집집마다 방문하여 자기가 지은 노래를 불렀다.

어느 날 루터는 우연히 루이사 코타Louisa Cotta라는 여인이 사는 집 앞에서 힘겹게 노래를 부르고 있었다. 그의 노래를 들은 루이사는 루터에게 언제든지 배가 고프면 자기 집에 오라는 호의를 베풀었다. 이것을 계기로 루터는 그 마을에서 경건하고 학식 있는 상류층 가문인 코타 집안과 자주 교류하게 되었다. 루이사와 그녀의 남편 콘드라 코타는 루터를 아주 좋아했다. 콘드라 코다의 여동생인 우르술라 샬베Ursula Schalbe는 오빠인 콘드라를 통해 루터에 대해 알게 되었다. 루터에 대해 좋은 인상을 가지고 있던 우르술라는 루터에게 자신의 어린 아들 가정교사를 하며 자기 집에서 하숙하는 것을 제안했다.

당시 아주 부유한 집안이었던 샬베 집안에서 살게 된 루터는 프란체스코 수도원의 영향을 받은 그들의 심오한 경건 생활에 깊은 감화를 받았다. 루터는 이들과 함께 찬송을 부르며 영성과 음악성을 키워 나갔고, 그들을 통해 아이젠나흐에서 친구를 많이 사귀게 되었다. 그들 중 몇 명은 그의 평생지기가 되었다.

이런 와중에도 루터는 자신의 본업인 공부를 소홀히 하지 않았다. 다른 학생들보다 탁월한 라틴어 실력을 갖추게 되었다. 루터의 라틴어 실력을 주목하던 요한 트리보스 교장은 에르푸르트Erfurt 대학의 요디쿠스 트루트베터 교수가 학교를 방문했을 때 루터에게 라틴어로 환영사를 하게 했다. 루터의 뛰어난 라틴어 실력을 눈여겨본 요디쿠스 트루트베터 교수는 트리보스 교장에게 루터를 자기 대학으로 보내도록 부탁했다. 이렇게 해서 루터는 아이젠나흐에서 공부를 마치고 그가 18살이 되던 해인 1501년 4월에 신성로마제국에서 프라하, 비엔나, 하이델베르크, 쾰른 다음으로 오래된 에르푸르트 대학에 입학했다. 또한 이 학교는 아이젠나흐에서 가장 가까운 대학이기도 했다.

에르푸르트는 아이젠나흐보다 10배나 큰 도시로 인구 3만 명에 교회가 23개나 있었고, 도미니크 수도회와 어거스틴 수도회, 프란체스코 수도회 등 20개의 수도원이 있었다.

루터는 학교 기숙사에서 생활했다. 그곳에서는 저녁 8시에 자서 다음 날 새벽 4시에 일어나는 규칙적인 생활을 해야 했다. 그리고 대학 교양학부에서는 삼학(三學 - trivium, 문법, 수사학, 변증법)과 사학(四學 - quadrivim, 산술, 기하학, 천문학, 음악)을 공부했다. 루터는 아이젠나흐에서처럼 열심히 공부했지만 성적은 그리 좋은 편이 아니었다. 그러나 이 시절 다른 무엇보다 중요한 경험을 한다. 바로 성경을 태어나서 처음으로 읽어보게 된 것이다. 늘 교회에서 사제가 성경을 낭송하는 것을 들은 것이 전부였는데, 직접 성경을 공부하게 되면서 루터는 자신이 얼마나 심각한 죄인인지를 느끼게 되었다.

그는 1년 반 만인 1502년 9월에 문학사 학위B.A.를 받게 되었고, 이어서 석사 과정을 들어갔다. 이 기간 루터는 기초 철학 공부에 매진했고, 특별히 토론에 뛰어난 자질을 보인 그는 '철학자'란 별명으로 소문이 났다. 덕분에 그는 17명 중에 2등을 하여 차석으로 졸업을 하고, 1505년 1월에 문학 석사 학위M.A.를 받았다. 이는 다른 학생들에 비해, 그리고 그 당시 일반적인 학업 기간에 견주어 볼 때 아주 짧은 기간이었다.

루터는 석사 학위를 마친 후 최소 2년간은 인문학과에서 강의할 의무가 있었다. 당시는 졸업생이 저학년을 가르치면서 고학년 수준의 학업을 계속하는 것이 중세 대학의 관례였다. 그래서 루터는 1505년 봄 학기에 조교가 되었다. 동시에 그는 아버지의 뜻에 따라 어쩔 수 없이 법학을 공부하기 시작했다.

어렸을 적부터 겁이 많았던 루터는 성경을 공부하면서 더욱더 죽음과 죽음 이후의 세계에 대한 두려움이 커져갔다. 그런 그의 마음이 반영되듯 1505년 7월 2일에 루터가 고향에서 부모님을 뵙고 학교로 돌아가는 길 내내 먹구름이 하늘을 뒤덮고 있었다. 그리고 마침 에르푸르트로 가는 길에 스토테른하임Stotternheim이란 마을을 지날 때 장대 같은 소나기를 만나게 되었다. 천둥 번개를 동반한 엄청난 비가 쏟아지자 루터는 비를 피하기 위해 근처 느릅나무 아래로 달려갔다. 그때 루터가 있던 나무에 벼락이 내리쳐 큰 나무가 순식간에 부러지고 불꽃이 타올랐다. 천만다행으로 루터는 아무 이상이 없었지만 걷잡을 수 없는 죽음에 대한 공포에 사로잡혔다. 루터는 바닥에 엎드려 비명을 지르며 기도하기 시작했다. 그의 입에서 튀어나온 것은 광산에서 일한 아버지의 영향으로 어린 시절 무서울 때마다 불렀던 광부들의 수호신의 이름이었다.

성 안나여, 저를 살려 주십시오. 저를 구해 주십시오. 고귀하신 성 안나여, 저를 구해 주신다면 무엇이든 하겠습니다. 저를 살려 주신다면 제 학업을 포기하고 수도사가 되겠습니다!

2장

하나님과의 약속을 지키다

벼락 사건으로 꽃핀 신앙심

가까스로 에르푸르트에 도착한 루터는 자신의 서원 기도에 대해 고민하기 시작했다. 그의 이야기를 들은 친구들은, 그렇게 신중하지 못하고 아주 특수한 상황에서 일어난 서원 기도는 구속력이 없으니 신경 쓰지 말라고 루터를 위로했다. 루터는 고심 끝에 자신이 하나님과 한 약속을 지키기로 결심했다. 그러자 자신의 결심을 아버지에게 어떻게 알려야 할지 또 고민이 생겼다. 그는 직접 아버지를 만나서 이야기할 용기가 나지 않았기 때문이다. 학교 친구들과 송별 모임을 한 후 루터는 자신의 결심을 실천에 옮겼다.

1505년 7월 17일, 루터는 에르푸르트에 있는 어거스틴 은둔자 수도원das Erfurter Kloster der Augustiner-Eremiten에 들어갔다. 당시 어거스틴 은둔자 수도원은 에르푸르트에서 좋은 명성을 얻고 있었다.

그의 이런 서원과 실천은 벼락 사건이 직접적인 계기가 되었지만, 순전히 돌발적이거나 충동적인 것은 아니었다. 이미 루터의 마음속에는 오래 전부터 강렬한 종교심이 내재되어 있었다. 루터는 수도원에 들어간 후 아버지에게 편지를 통해 자신의 서원에 대해 전했다.

루터는 우선 가장 낮은 단계인 수련생의 자격으로 수도회에 입회하게 되었다. 그는 머리를 삭발하고 고행자의 옷을 입고 투박한 모자를 써야 했다. 그리고 그는 거리에서 구걸하는 일을 포함해서 예배실과 수도사들의 방 청소, 바닥 닦기, 종탑의 꼭대기에서 태엽 감기 등과 같은 가장 천한 일들을 하며 겸손을 훈련 받았다.

한편, 대학에서 장래가 촉망되던 루터에게 많은 기대와 희망을 가졌던 아버지는 루터의 선택을 도저히 받아들일 수가 없었다. 그런데 갑자기 루터의 남동생들 중 두 명이 전염병으로 죽게 되자 아버지 한스는, 자신이 계속 하나님께 일생을 바치려는 루터의 결정을 반대한다면 하나님이 루터도 심판해서 죽게 하실지도 모른다는 두려움이 생기게 되었다. 그래서 한스는 어쩔 수 없이 루터의 선택을 받아들이기로 했다.

그 시대 다른 사람들과 마찬가지로 루터도 자기 구원을 갈망하는 사람 중에 한 명이었다. 그는 수도자 생활이 구원에 이르는 최선의 길이라고 믿고 있었다. 이런 신앙이 그가 수도원에 들어가는 기본적인 동기가 되었으며, 갑작스러운 죽음의 위험과 하나님의 심판 및 지옥의 벌에 대한 두려움은 수도사가 되겠다는 서원을 촉발시켰을 뿐이었다.

루터는 책상 한 개, 의자 한 개와 짚으로 만든 침대 한 개가 전부인 방에서 살았다. 매일 7번의 수도원 예배를 드리고 수도원 밖에서는 계속 구걸을 하며 1년간의 예비 수련 기간을 잘 견뎠다. 그리고 드디어 1506년 9월에 수도사 서원식을 하게 되었다. 그는 서원식에서 평생 하나님에 대한 순종, 가난하고 정결한 삶을 살기로 서원하며 정식 수도사가 되었다. 루터는 수도사가 되어서도 기도와 성경 공부에 많은 시간을 보냈지만 여전히 그의 내면에 있는 문제들은 해결되지 않았다.

"과연 내가 하나님의 용서를 받을 수 있을까? 나 같은 사람이 죄인을 향한 하나님의 심판을 벗어날 수 있을까?"

루터는 자신의 신앙 갈등 끝에 채찍으로 허벅지와 등을 피가 나도록 때리기 시작했다. 그는 자신이 하나님 앞에 어느 정도 의로워졌다는 느낌이 들 때까지 때리다가 피를 흘리며 의식을 잃고 쓰러진 적도 있었다.

루터가 속한 어거스틴 교단 수도회에는 총대리 신부 Generalvikar라는 직책이 있었는데, 1503년 이후 작센의 귀족가문 출신인 요한 폰 스타우피츠(Johann von Staupitz 1469~1524)가 그 역할을 담당하고 있었다. 어느 날 스타우피츠는 루터가 있는 수도원에 정기적인 시찰을 위해 방문하게 되었다. 루터는 이 기회를 놓치지 않고 스타우피츠에게 자신이 겪고 있는 영적인 시련에 대해 상담을 받았다.

"신부님, 저는 제가 죽어서 하나님 앞에 서는 것이 너무나도 두렵습니다. 제가 받을지도 모르는 영원한 하나님의 심판에 대한 생각 때문에 절망에서 벗어날 수가 없습니다. 성경을 보면 볼수록 저는 제가 얼마나 부족한 죄인인지를 확인하게 됩니다. 그러나 제가 아무리 노력해도 저는 죄를 짓지 않겠다는 결단과 서원을 지킬 수가 없었습니다."

"흠… 루터 형제, 자네는 하나님에 대해 너무도 부정적으로만 생각하면서 자신을 너무 학대하고 있는 것 같군. 우리 하나님은 사랑의 하나님인 것을 기억하게. 진정한 회개는 하나님에 대한 사랑에서 시작되는 것일세. 예수님을 바라보게나. 자네의 힘으로 하나님께 의롭게 될 수 없을지라도 예수님이 자네를 위해 행하신 것을 통해서는 가능하네. 자네가 지금 찾고 있는 것은 오직 예수님 안에서만 발견할 수 있을 것일세. 그리고 형제여, 너무 낙심하지 말게나. 자네가 하고 있는 절망은 하나님이 기뻐하시는 절망일세."

루터의 마음속 문제들이 스타우피츠의 조언으로 다 해결된 것은 아니다. 하지만 그는 이것을 계기로 인간을 다루시는 하나님의 뜻과 그리스도 안에서 자신의 정체성을 찾기 위해 성경을 직접 연구하기 시작했다.

타락한 교회 냄새를 이긴 순종의 삶

루터는 수도사로서의 의무를 잘 수행했다. 수도원 동료들도 그에게 중요한 일들을 맡기고 그를 인정했다. 이렇게 해서 루터는 수도사가 된 지 1년 만인 1507년 4월 3일에 23살의 나이로 에르푸르트 성당의 대제단 앞에서 엄숙하게 사제 서품을 받고 신부가 되었다.

사제 서품 후 루터는 신부로서는 처음으로 1507년 5월 2일에 자신의 첫 미사를 집례했다. 아버지 한스는 전날에 친구 20여 명과 함께 수도원에 줄 아주 큰 선물을 가지고 미사에 참석했다. 루터는 미사의 모든 순서를 잘 집례하고 아버지에게 다가갔다. 이때 아버지 한스는 아들 루터에게 그동안 쌓였던 자신의 불편한 마음을 담아 쏟아붙였다.

"그래, 성경에서 말하는 십계명에서 제5계명인 '네 부모를 공경하라'는 하나님의 명령을 이렇게 깨트린 것이 잘한 일이라고 생각하느냐? 너를 폭풍우 속에서 그렇게 서원하게 한 것이 정말 하나님인지 의심스럽구나. 혹시 그것이 사탄이 한 일인지 누가 알겠느냐?"

루터는 아버지의 말에 더 이상 대답하지 않았지만 큰 충격을 받았다. 그리고 아버지의 말을 곱씹으면서 정말 자기가 가기로 한 길이 천국에 이르는 길인지, 정말 하나님의 뜻인지에 대해서 아직도 완전히 확신하지 못하고 불안해하고 있는 자신을 바라보았다.

그해에 루터는 수도원장의 지시하에 본격적인 신학 공부를 시작하기 위해서 2년 만에 다시 에르푸르트 대학으로 가서 1507년 여름 학기부터 신학을 공부하게 되었다. 그리고 성서학사 Baccalaureus biblicus 학위 과정을 이수했다. 1508년 가을부터 비텐베르크 대학에서 성서와 신학, 특히 유명론을 연구하면서 동시에 윤리철학을 강의하기도 했으며, 1509년 3월 9일에는 그는 성서학사 학위를 취득했다. 당시의 학제에서 성서학사를 취득하면 신약과 구약의 몇몇 성경을 대략적으로 설명할 수 있었다. 그 위의 단계에는 '조직신학사Baccalaureus sen-tentiarius'가 있는데, 조직신학사가 되면 성경과 페트루스 롬바르두스의 《신학명제론 4집Sententiae in IV libris distinctae Petrus Lombardus》을 강의할 수 있었다. 그래서 1509년에 루터는 조직신학사 학위도 취득하는 등 계속적으로 공부를 이어 갔다.

그러던 중 루터는 로마를 여행할 수 있는 기회가 생겼다. 독일 중부와 북부의 개혁수도원들의 총대리 신부로 있던 스타우피츠는 독일 내의 모든 어거스틴 수도원의 운영을 통제하기 위한 단일 규정집을 만들려고 했다. 하지만 7개의 수도원에서 반발이 일어났다. 그래서 스타우피츠는 누군가 한 사람이 로마로 가서 이 문제를 교황에게 알리고 교황의 결정을 받아올 필요가 있다고 생각했다. 결국 단일안에 반대하는 수도사들은 루터를 로마로 보내기를 원했고 스타우피츠는 그것을 허락했다.

1510년 11월에 루터는 동료 수도사인 요한 나딘Johann Nathin과 함께 로마를 향해 먼 여행을 떠났다. 루터는 로마에서의 임무를 수행하면서 4주 동안 체류했다. 그는 순교자들의 무덤과 성유물이 있는 장소도 방문하고, 하루 동안 금식하며 7개의 주요 교회들도 순례했다. 그리고 여러 미사에 참석해서 은총을 받고자 노력했다. 그러나 로마의 성직자들이 서로 누가 한 시간 안에 전체 미사를 마칠 수 있는지를 시합하면서 성급하고 경건함 없이 미사를 거행하는 모습에 경악을 금치 못했다. 큰 기대를 가지고 로마에 온 루터는 크게 실망했다. 그는 가는 곳마다 타락한 교회의 냄새를 맡을 수 있었기 때문이다. 여전히 교회 내에 가난한 사람들이 많이 있음에도 불구하고 추기경들과 수도사들이 사치스러운 생활을 향유하고 있는 것을 보고 루터는 분노했다. 심지어 주교라는 사람들이 내연의 정부情婦를 두고 성적인 타락에 빠져 있는 상황들도 루터는 어렵지 않게 접할 수 있었다. 결국 이런 로마에서의 경험은 루터로 하여금 교회와 하나님에 대한 반감을 갖게 만들었다.

로마에서 돌아온 루터는 로마에서 본 교회와 성직자들의 타락으로 인해 받은 실망과 충격으로 급기야 하나님에게 그 책임을 떠넘기며 심한 신앙의 갈등을 겪었다. 루터의 이런 영적인 방황을 지켜본 스타우피츠는 루터가 성서에 대해 더욱 진지하게 공부를 하게 되면 평안을 찾을 것이라 생각하였다. 그래서 루터가 비텐베르크 대학에서 신학 박사 학위 과정을 공부하도록 강력히 권했다.

이미 사제의 서품을 통해 순종의 삶을 맹세했기에 루터는 스타우피츠의 권면대로 비텐베르크 대학에서 박사 과정을 밟았다. 그 기간에 드는 학비 및 모든 경비는 그 대학의 설립자인 당시 선제후(중세 독일에서 황제 선거의 자격을 가진 제후)였던 프리드리히Friedrich 백작이 지불해 주었다. 루터는 마침내 1512년 10월에 비텐베르크 대학에서 신학 박사 학위를 받았다.

탑 속에서 깨달은 복음

신학박사 학위란 교수로서 독자적인 신학 연구를 할 수 있는 자격을 주는 것이었는데, 마침 신학박사 학위를 받은 루터에게 교수로서 일할 수 있는 기회가 생겼다. 비텐베르크 대학에서 성경 신학 교수직을 맡고 있던 스타우피츠는 연로하여 자신의 후임을 루터로 결정하고 그를 비텐베르크 대학의 새로운 성경 신학 교수가 되게 했기 때문이다.

28살의 젊은 교수는 1513년 봄 학기부터 〈시편〉 주해를 시작으로 강의를 시작했다. 루터는 학생들에게 인기 있는 교수였다. 철저하게 강의를 준비하고 학생들과는 신학적인 문제에 대해 열정적으로 논쟁했다. 그는 자신의 수업 준비를 위해 공부하는 것과 연구 시간을 통해 점점 신앙의 안정을 찾아가게 되었다. 그는 〈시편〉 주해 강의를 마치고 1515년부터 〈로마서〉를 강의하기 시작했다. 루터는 〈로마서〉 강의를 준비하면서 자신뿐만 아니라 장차 전 세계 기독교 역사를 뒤바꿀 복음에 대한 깨달음을 얻게 된다.

그 일은 평범한 어느 날 비텐베르크의 어거스틴 수도원에 딸린 종탑 건물의 2층에 있는 자신의 따뜻한 공부방에서 일어났다. 루터는 〈시편〉 강의를 마치고 난 후 새롭게 시작하는 〈로마서〉 강의를 위해 〈로마서〉를 정독하고 있던 중이었다. 그는 로마서 1장 16~17절 말씀에서 자신의 전 삶을 따라다녔던 두려움을 날려버릴 구절을 발견한 것이었다.

내가 복음을 부끄러워하지 아니하노니 이 복음은 모든 믿는 자에게 구원을 주시는 하나님의 능력이 됨이라 먼저는 유대인에게요 그리고 헬라인에게로다 복음에는 하나님의 의가 나타나서 믿음으로 믿음에 이르게 하나니 기록된 바 오직 의인은 믿음으로 말미암아 살리라 함과 같으니라 (롬 1:16~17).

루터는 그동안 두렵고 모호하기만 했던 '하나님의 의'에 대해서 드디어 찬란한 성령의 깨달음을 받았다. 그는 〈시편〉을 강의하면서도 시편 3편에서 말하는 "주의 의로 나를 구원하소서"라든지 시편 71편 2절의 "주의 의로 나를 건지시며 나를 풀어 주시며 주의 귀를 내게 기울이사 나를 구원하소서"와 같이 '하나님의 의'에 대한 부분들은 명확하게 설명하지 않고 넘어가 버리기 일쑤였다. 그러나 이제는 더 이상 두려운 것도 모호한 것도 그에게는 없었다. 평소 '하나님의 의'에 대해 죄인들이 잘못을 할 때마다 징계함으로 하나님 자신의 의를 나타내는 것으로 이해했었다. 그러나 루터는 〈로마서〉에서 '하나님의 의'에 대해 말한 바울의 선포를 통해 하나님이 자기와 같은 죄인을 위해 어떤 일을 하셨는지 완전히 깨달은 것이다.

하나님은 죄인인 인간들을 의롭게 하기 위해서 전혀 죄가 없는 예수 그리스도를 이 땅에 보내셔서 죄인들의 죗값을 대신 담당하게 하시고 죽음의 형벌을 받게 하셨다. 바로 예수님이 나의 죄 때문에 십자가에서 고통당하시고 죽으신 것을 알고 믿을 때, 오직 그 예수님을 믿을 때만 비로소 하나님 앞에서 의인으로 인정받을 수 있다는 것을 알았다. 이제 더 이상 루터에게 하나님은 심판의 하나님, 무서운 하나님이 아니라 무한한 사랑의 하나님, 용서하시는 하나님, 자비하시고 인자하신 하나님으로 다가오기 시작했다. 루터가 이것을 어거스틴 수도원의 탑 속에 있는 방에서 깨달았다고 해서 후에 사람들은 이 깨달음을 "탑실체험tower experience, das Turmerlebnis"이라고 불렀다.

물론 이런 깨달음은 탑실에서 어느 날 갑자기 깨달은 것이라기보다는, 루터의 스승이며 개인 지도신부였던 스타우피츠의 가르침, 어거스틴의 반反펠라기우스적 교훈, 독일의 신비주의, 오캄의 사상, 그리고 무엇보다도 성서의 가르침 등 오랫동안 그와 함께했던 여러 가지 것에서 받은 영향이라고 볼 수 있다. 진리를 깨달은 그는 '신앙에 따르는 의인'을 주창하고, 인간이 구원을 받는 데에는 오직 하나님의 은총만이 작용한다는 사실을 강조하기 시작하였다.

기독교 역사를 바꿀 혁명의 시작

1515년 교황 레오 10세는 두 개의 독일 교회 영지인 마그데부르크와 마인츠Mainz에서 8년간 면죄부를 팔 수 있도록 허용했다. 여기에는 교황과 브란덴부르크Brandenburg의 알브레히트Albrecht 사이 모종의 금전적 협약이 있었다. 레오 10세는 관례대로 새로운 주교직이나 수도원장직에 사람을 임명하면서 그들로부터 사례비를 받았는데, 그는 자신의 사치스러운 생활에 드는 비용을 충당하기 위해 가능한 많은 사람을 임명하려고 했다. 따라서 그런 중요한 자리에는 뛰어난 자질을 가진 사람이나 하나님께서 원하는 사람이 아니라 돈이 많은 사람들이 임명되었다.

당시 알브레히트는 이미 마그데부르크와 할버슈타트Halberstadt의 대주교였음에도 불구하고 그는 독일에서 가장 중요한 교회 직분인 마인츠의 대주교를 맡고 싶어 했다.

공식적으로는 한 사람이 하나 이상의 주교직을 갖는 것이 금지되어 있었고, 알브레히트는 23살밖에 되지 않아서 원칙적으로 마인츠의 대주교가 될 수 없었다. 그러나 그는 푸거 가문에서 돈을 빌려 교황 레오에게 주었고, 교황은 그 돈을 받고 여러 부적합한 조건임에도 불구하고 알브레히트를 마인츠의 대주교로 임명했다. 때마침 교황 레오는 세상에서 가장 아름다운 성당을 지을 결심을 하고 로마에 엄청난 규모의 성 베드로 성당을 지으려고 했기 때문에 막대한 돈이 필요한 상태였다. 이렇게 마인츠의 대주교가 되기 위해 푸거 가문에 엄청난 빚을 지게 된 알브레히트와 교황 레오는 자신들의 부족한 자금을 마련하기 위해 독일에서 면죄부를 팔기로 한 것이었다.

중세 교회는 참회의 성례전을 통해서 영원한 저주의 형벌은 용서받지만 이 세상에서 지은 죄의 벌은 완전히 용서받지 못하는데, 신자는 그것을 위해 '하나님의 의'에 합당한 공적을 쌓아야 한다고 가르쳤다. 그래서 신자들은 고해시 사제가 준 경건의 행위를 통한 참회로 이 세상에서 얻은 죄의 형벌을 줄일 수 있다고 생각했다. 여기에서 교회는 면죄부를 통해 교회가 부여하는 참회의 형벌을 경감할 뿐만 아니라, 하나님이 결정한 이 세상에서의 형벌 경감을 보장해 주었다. 처음에 면죄부는 십자군의 재정을 충당하기 위해 만들어졌지만, 특별 용도의 면죄부들이 계속 발행되기 시작했다. 교회는 자신들이 발부한 특별 면죄부를 통해 죽은 후에 영혼이 연옥에서 머무는 기간을 줄여준다거나 영혼이 연옥에서 지옥으로 가지 않고 천국으로 갈 수 있게 해줄 수 있다고 선전했다.

알브레히트는 면죄부 판매를 위해 유명한 면죄부 설교자인 마그데부르크 교구의 도미니크회 소속 신부 요한네스 텟첼Johannes Tetzel을 앞세웠다. 텟첼의 면죄부 설교 방식은 먼저, 불신자가 지옥에서 겪게 될 불과 유황에 대해서 언급하는 것이었다. 그러고 나서 바로 연옥에 대해 생생하게 묘사했다. "여러분은 돌아가신 부모님이 연옥에 울부짖는 소리가 들리지 않습니까? 나 좀 도와줘! 나 좀 구해줘! 어서 나를 천국으로 건져 줘!" 그러면서 그는 마지막으로 천국에 대해 환상적으로 표현하면서 이렇게 마무리 했다.

이 돈 상자에 주화가 떨어지는 소리가 나는 순간, 그 영혼은 연옥에서 빠져나옵니다.

그는 매번 모든 면죄부의 모금액은 성 베드로 대성당을 건축하는 것에 쓰일 것이라고 하면서 사람들에게 마지막까지 면죄부를 사도록 선동했던 것이다.

루터는 독일에서 벌어지는 이런 면죄부 판매 활동에 침묵할 수 없었다. 1516년에 루터는 면죄부를 반박하는 설교를 세 번에 걸쳐서 했다. 그런데 루터의 본격적인 면죄부 비판은 마인츠의 대주교 알브레히트가 면죄부 판매를 위해 제작한 44쪽 분량의 소책자인 《면죄부 지침서Instructio summaria》를 읽고 나서 시작되었다. 그는 이 소책자를 통해 면죄부 설교자들을 위한 설교 견본을 보고서 면죄부 설교가 단순히 텟첼에 의한 것이 아니라 대주교 알브레히트의 지시에 의한 것임을 알게 되었다.

이에 루터는 작심하고서는 면죄부가 왜 잘못된 것인지를 조목조목 반박하는 95개 조항을 만들었다. 그리하여 1517년 10월 31일 만성절All Saints' Day 전 날, 루터는 비텐베르크 성 교회이자 대학 교회 문에 95개조 반박문을 힘차게 못 박았다. 쾅! 쾅! 쾅! 전 유럽과 장차 세계 기독교 역사를 바꿀 위대한 혁명의 시작을 알리는 소리가 울려 퍼졌다.

진리에 대한 열정과 사랑으로부터 그리고 그것을 밝히려는 열망으로 아래의 논제들은 문학 석사이며 신학 석사인 마르틴 루터에 의해 비텐베르크에서 공개적으로 논의될 것이다. 루터는 이곳에서 아래의 주제들에 대하여 강의를 하도록 공식적으로 임명받은 바 있다. 그는 직접적으로 토론에 참여할 수 없는 자들에게는 서신으로 토론하기를 요청한다.

1. 우리들의 주님이시며 선생이신 예수 그리스도께서 "회개하라 …"(마 4:17)고 말씀하셨는데 이는 신자들의 전 생애가 참회가 되어야 한다는 것을 의미한다.

20. 그러므로 교황이 '모든 죄의 완전한 사면'을 말할 때 그는 단순히 모든 죄의 용서를 뜻하는 것이 아니라, 다만 그 자신에 의해서 부과된 죄의 사면을 의미한다.

21. 그러므로 교황이 면죄함으로써 인간은 모든 형벌로부터 해방되며 구원받을 수 있다는 것을 선전하는 면죄부 설교자들은 모두 오류에 빠져 있다.

24. 그렇기 때문에 대다수의 사람은 형벌로부터 해방된다는 무제한적이고 엄청난 약속에 의해서 사기를 당하고 있는 것이다.

42. 면죄부를 구입하는 것을 자선사업과 같은 것으로 생각한다는 것은 교황의 면죄부를 사는 것이 아니라 하나님의 분노를 산다는 점을 그리스도인들에게 가르쳐야 한다.

50. 만일 교황이 면죄부 설교자들의 행상 행위를 알고 있다면, 그는 자기 양의 가죽과 살과 뼈로 성 베드로 성당이 세워지는 것보다는 차라리 이것을 불태워 재로 만드는 것을 더 좋아할 것이라는 사실을 그리스도인들에게 가르쳐야 한다.

3장

변하지 않는 신념의 신학자

하이델베르크 논쟁

루터는 95개 조항을 동봉한 편지를 알브레히트에게 보냈는데, 알브레히트는 그 편지를 보고 분노했다. 그는 즉시 95개 조항을 교황에게 보내면서 루터가 공식적인 설교와 면죄부에 대한 저술 활동을 하지 못하도록 금지시켜 달라고 요청했다.

라틴어로 쓰여진 95개 조항은 얼마 지나지 않아 독일어로 번역이 되어 독일 전역으로 퍼져 나갔다. 루터는 자신의 의견을 더욱 분명하게 전달하기 위해서 두 가지를 저술했는데 1518년에 《95개조 면죄부 논제 해설》과 《면죄부와 은총》이란 설교가 그것이다. 이 소책자는 그해에만 무려 16번 인쇄되었고, 책 상인들을 통해 독일의 주요 도시로 빠르게 퍼졌다.

텟첼은 루터를 이단자라고 욕하면서 그를 화형시키고

말겠다고 분노했다. 그는 자신의 도미니크회 동료인 프랑크푸르트 대학 신학교수인 콘라트 빔피나Konrad Wimpina에게 루터의 주장을 반박할 논제를 제출할 것을 요청했다. 그들은 50개 조항으로 루터의 관점을 오류로 규정하며 면죄부를 변호했다. 그러나 루터의 95개 조항문은 세계 각국의 언어로 번역이 되어 전파되고 있었다. 사태가 이렇게까지 퍼지자 교황 레오 10세는 수도원 책임자를 통해 루터를 잠잠하게 만들려고 했다. 하지만 루터는 교황 레오 10세에게 스타우피츠를 통해 1518년 5월 30일에 편지와 함께 95개 조항문을 동봉하여 보냈다.

루터는 자신의 의도와는 달리 점점 이 모든 문제의 핵심부를 향해 다가가고 있었다. 결국 교황은 어거스틴 수도회 책임자인 가브리엘 볼타Gabriel Volta를 통하여 스타우피츠에게 루터 문제 해결을 지시하였고, 마침내 어거스틴 수도회는 1518년 4월에 하이델베르크Heidelberg에서 개최되는 총회를 통해 루터 문제를 해결하기로 했다. 루터는 이 총회에 40개 항목의 논제를 제출하고 토론에 임했다. 이것을

'하이델베르크 논쟁Heidelberg Disputation'이라고 부른다. 이 논쟁은 1518년 4월 8일 하이델베르크 대학 철학부 건물에서 열렸다. 이때 제출된 루터의 논제는 그가 1513년부터 해온 〈시편〉 강의 이후 형성된 그의 성경 주석에 근거한 교리적인 작품으로 루터의 복음주의 신학의 집합체라고 할 수 있다. 그는 여기서 십자가 신학theologia crucis을 통해 참된 신학과 신앙인의 길을 제시했다. 십자가 신학은 루터 신학의 출발점이 되었고, 그의 전체 신학의 원리가 되었다. 루터는 십자가 신학에 대해 다음과 같이 설명하였다.

> 영광의 신학은 통찰력을 갖고 있지도 않고, 합당한 신학도 아니다. 실제로 자연으로부터 출발하여 하나님을 인식할 수 있다고 생각하는 신학자는 그리스도를 모르므로 고통보다 행적을, 어리석음 대신 지혜를 선호하기 때문에 십자가 고통에 감추어진 하나님을 결코 알지 못한다. 그러한 자들은 바울에 의하면 그리스도 십자가의 원수(빌립 3:18)이다. 실제로 그들은 십자가의 고통을 혐오하고, 업

적과 그 영광을 좋아하며, 그리하여 십자가의 선을 악이라, 악의 행업을 선이라 부른다. 사람들은 자기 행업들에서 추론된 하나님에 대한 인식을 남용했기 때문에 하나님은 그와 반대로, 즉 당신의 고통을 통해 인식되기를 원하셨다. 또 그리하여 가시적인 것에서부터의 인식을 새로이 입증하셨다. 이는 하나님이 당신 자신의 행적 안에서 자신을 나타내는 분으로, 하나님을 흠모하고 공경하지 않는 자들로 하여금 고통안에서 자신을 감추시는 분으로 예배하도록 하시기 위한 것이다. 그러므로 어느 누구라도 그런 자들이 하나님의 자기 비하와 십자가 사건을 인식하는 것은 충분하지 않고, 그것은 전혀 도움이 되지 않는다. 이리하여 하나님은 이사야 예언자가 말한 대로, 지혜롭다는 자들의 지혜를 배척하신다. "구원자 이스라엘의 하나님이여 진실로 주는 스스로 숨어 계시는 하나님이시니이다"(사 45:15).

그가 친구 스펜라인George Spenlein에게 한 충고는 그의 이런 십자가 신학을 잘 나타내준다.

내 친구여, 그리스도를 배우되 십자가에 못 박힌 그리스도를 배우고 그를 칭송하라. 나는 십자가에 못 박힌 그리스도 이외에는 아무것도 가르치지 않을 것이다.

비록 하이델베르크 논쟁에서 루터는 많은 사람을 설득시키지는 못했지만 후일에 그와 함께 교회개혁운동의 동료가 된 젊은 신학자들을 얻게 되었다.

하이델베르크에서 돌아온 루터는 95개 조항으로 인한 혼란과 오해를 수습하면서 자신의 입장에 좀 더 살을 붙이기 위해《95개 조항에 대한 해설Resolutiones disputationum de indulgentiarum virtute》을 썼다.

루터는 오직 하나님만이 죄를 용서하실 수 있고 교황은 할 수 없다는 것을 명백하게 설명했다. 그는 95개 조항에 대한 해설에서 다음과 같이 말했다.

하나님의 순수한 자비, 즉 그리스도를 제외한 그 어떤 것에서 안전과 신뢰를 찾도록 설득하려는 모든 설교는 항상 정죄를 받을 것이다.

성경 왜곡에 일침을 가하다

1518년 5월, 루터의 해설서가 교황 레오에게 전달되었다. 루터는 교황의 입을 통해 그리스도의 판단을 직접 듣고 싶었다. 그러나 레오는 도미니크 교단의 실베스터 프리에리아스Sylvester Prierias에게 루터의 해설서를 보내며 논평을 요청했다. 이에 1518년 7월에 프리에리아스는 루터를 만나서 그의 95개 조항에 대해 반박했다. 그는 면죄부에 초점을 두지 않고 교황의 권위에 초점을 두어 공격하며 그는 루터에게 다음과 같이 선포했다.

> 보편적 교회는 실제로 로마 교회를 말한다. 로마 교회는 추기경들로 구성되어 있지만 실제로는 교황으로 구성되어 있다. 보편적 교회가 신앙과 도덕에 있어 오류를 범할 수 없음과 같이 종교회의나 로마 교회나 교황은 공적 지

위에서 말할 때 잘못을 범할 수 없다. 누구나 로마 교회나 교황의 가르침이 무오한 신앙의 규칙이며, 성경의 권위를 부여하는 근원이 됨을 부인하는 자는 이단이다. 면죄부와 관련해서 로마 교회가 실제로 하는 일을 부인하는 자는 이단이다.

이에 대해 루터는 다음과 같이 반박했다.

나는 텟젤을 멸시했지만 그는 너보다는 똑똑했다. 너는 성경이라곤 하나도 인용하지 않는구나. 너는 주장만 하지 이유를 대지 않는다. 너는 악독한 마귀와 같이 성경을 왜곡한다. 너는 교회가 교황으로 구성된다고 말하는데, 교황들의 꼴을 보아라. 율리우스 2세의 피 흘린 범죄, 보니페이스 8세의 잔학한 독재를 보아라. 그들은 격언이 말하는 대로 늑대와 같이 나서 사자와 같이 다스리고 개같이 죽지 않았느냐? 너는 교회가 추기경들로 구성되었다고 말하니 종교회의는 무엇으로 구성되었는가? 너는 나를 문둥병자라고 부르는데, 그래도 나에게 약간의 진리가 있음을 인정하니 다행이다. 너는 교황을 권력과 폭력을 누리는 황제로 만드는데 막시밀리안 황제와 우리 독일 국민은 이를 용납하지 않을 것이다.

이로 인해 루터는 이단으로 고발되었다. 1518년 8월 7일, 루터는 교황으로부터 60일 내로 로마에 출두해서 이단에 대한 심문을 받으라는 소환장을 받았다.

이튿날, 루터는 자신의 영주인 프리드리히에게 편지를 보내 자신의 심문이 로마에서 행해지지 않고 독일에서 처리되도록 요청했다. 프리드리히 백작은 이 문제를 가지고 교황청과 협상을 했는데, 결국 자신의 제안대로 루터를 로마로 보내는 대신 아우크스부르크Augusburg에서 열리는 제국의회에서 추기경 카예탄Cajetan에게 개인적인 심문을 받도록 했다. 이렇게 프리드리히 백작의 요청을 교황이 들어줄 수밖에 없는 이유가 있었다. 프리드리히 백작은 차기 신성로마제국의 황제를 선출하는 권세를 가진 일곱 사람

중에 한 사람이었다. 또 교황 레오는 자신이 준비하고 있는 터키와의 전쟁에 프리드리히 백작의 자금과 군사가 필요했기 때문이다.

1518년 9월 26일, 드디어 루터는 아우크스부르크를 향해 떠났다. 당시 루터는 얼마나 공포와 근심에 사로 잡혔던지 가는 도중에 위장염으로 기절할 뻔했다. 가까스로 아우크스부르크에 도착한 루터는 10월 12일부터 14일까지 3일 동안 카예탄과 논쟁을 벌였다.

루터와 대면한 카예탄이 루터에게 잘못을 인정하라고 말하자 루터는 자신이 무엇을 잘못했느냐고 반문했다. 이에 카예탄은 루터의 95개 조항 중 58번째 논제가 면죄부의 토대가 되는 공적의 보화Treasury of Merit에 대한 클레멘스 4세Clemens VI의 칙령에 위배되는 것이라고 지적했다. 또한 7번째 논제에서 신자가 확신을 가지고 하나님 은총의 언약을 믿을 때 그에게 하나님 칭의의 은총이 주어진다고 하는 것은 교회에서 참회의 성례전을 할 때 용서의 단계에서 하나님 칭의의 은총이 베풀어진다는 교리에 어긋난다고 지적했다.

이에 루터는 사람이 만들어낸 불확실한 칙령 때문에 분명한 성경의 증거들을 취소할 수 없다고 반박했다. 그리고 루터는 성경에 근거한 믿음을 통한 칭의론을 끝까지 주장하면서 이 믿음은 그리스도의 말씀에 대한 직접적인 믿음이요, 그 때문에 구원의 확신을 가지게 되는 것이며, 이러한 확신 안에서만 거룩한 삶이 이루어질 수 있다는 뜻을 굽히지 않았다. 결국 카예탄은 다음과 같이 고함치며 3일간의 지루한 논쟁을 끝냈다.

"가라! 네가 '철회한다'고 말할 때까지 다시는 내 앞에 나타나지 마라!"

카예탄은 스타우피츠를 불러 루터의 마음을 바꿔보라고 독촉했다. 그러나 노쇠한 스타우피츠는 자신의 능력으로는 루터를 설득할 수 없다고 대답했다. 그런 뒤 스타우피츠는 곧바로 루터에게 가서 카예탄이 그를 곧 체포하려고 한다는 소식을 전해 주며 루터를 수도원의 복종, 즉 수도사는 선임자에게 절대 순종해야 한다는 서약에서 풀어 주었다. 이제 루터는 수도사로서 로마로부터 선임자에게 내려오는 명령을 따를 필요가 없게 되었다. 스타우피츠는 앞으로 어떤 파장을 몰고 올지 모르는 자신의 제자에게서 손을 뗄 수가 있었던 것이다. 루터는 자신을 체포할 것이라는 제보를 듣고는 한밤중에 몰래 아우크스부르크에서 도망쳐 뉘른베르크Nürnberg를 향해 맹렬하게 말을 몰았다. 루터는 거기서 숨어 있다가 1518년 10월 31일에 비텐베르크로 돌아왔다.

교황의 회유책도 물거품으로

그 사이 추기경 카예탄은 루터와의 면담 내용을 프리드리히 영주에게 보내면서 루터를 체포하여 로마로 보내든지 아니면 그를 추방하라는 편지를 보냈다. 프리드리히 백작은 가장 실력 있는 학자를 죽음의 길로 넘겨주어야 할지, 아니면 그를 보호하면서 로마 전체와 교회를 대항해서 싸워야 할지 쉽게 결정하기가 어려웠다. 하지만 백작은 자신의 영토민 한 사람을 공정한 심문 절차도 없이 교황에게 넘길 수는 없다고 생각했다. 또 자기가 세운 비텐베르크 대학의 명예를 위해서도 그럴 수 없다고 판단해 추기경 카예탄의 요구에 거절하는 답장을 보냈다.

사방에서 루터를 내놓으라고 압박해 왔지만 그는 어느새 사실상 국민적인 영웅이 되어 있었다. 그가 주일날 성채교회에서 설교할 때마다 비텐베르크 시민들은 떼를 지어 모여들었다. 그러나 루터는 자신 때문에 점점 입장이 난처해져가는 프리드리히 백작을 위해 1518년 11월 28일에 비텐베르크를 떠나기로 결심하고 12월 1일에 송별 만찬을 갖게 되었다. 그러나 송별식 도중 루터는 프리드리히로부터 비텐베르크에 남아 있으라는 전갈을 받았다. 그것은 교황청이 루터에 대한 태도를 바꿨기에 가능한 것이었다.

1518년 11월 9일, 교황청은 카예탄이 기획한 면죄부에 대한 공식적인 교서 Cum Postquam를 내렸다.

> 면죄부는 교회가 정한 벌을 줄일 뿐 죄의 실제적인 용서를 위한 것이 아니다.

교황이 한 발 물러선 것이었다. 교황청은 교황의 공식 승인이 아직 나지 않은 면죄부 교리를 적용한 것에 대한 책임을 면죄부를 팔기 위해 이용했던 설교자 텟첼 신부에게로 돌렸다. 그들은 텟첼이 신부로서 순결의 서약을 깨고 자식을 2명이나 낳았으며, 호화로운 생활을 하고 있는 약점을 들춰냈다. 결국 텟첼의 선동에 면죄부를 산 사람들은 자기가 속았다고 분노하게 되었고, 텟첼은 라이프치히Leipzig의 한 수도원으로 도망가서 숨어 있어야 했다. 텟첼은 그곳에서 원통함에 사무쳐 지내다가 몇 달 뒤 쓸쓸하게 숨을 거두었다. 루터는 한때 텟첼을 흡혈귀라고 하면서 비판했었지만 그가 숨어 지내던 시기에 편지를 보내어 그를 위로하기도 했다.

루터를 달래보려는 교황의 손짓은 정치적인 의도도 강하게 작용했다. 1519년 1월 12일, 신성로마제국의 황제 막시밀리안Maximilian이 죽자 새로운 황제를 뽑아야 했다. 당시 황제는 성직자 제후 3명과 평신도 제후 4명으로 이루어진 선제후 7명이 모여 투표로 뽑게 되어 있었다. 성직자 제후는 모두 교황의 영향력 아래 있었기 때문에 평신도 선제후 1명만 자기편으로 만들면 교황은 자기 마음대로 새로운 황제를 뽑을 수 있었다. 그래서 교황 레오 10세는 선제후 프리드리히 백작에게 더욱 공을 들였던 것이다. 교황은 특사 칼 폰 밀티즈Carl von Miltitz를 보내 매년 부활절 전 셋째 주일에 덕망 있는 최고의 인물이라는 표시로 주는 황금 장미Die Goldene Rose를 프리드리히 백작에게 주면서 두 가지 특혜를 제시했다.

교황 성하께서는 프리드리히 영주께서 모은 성자들의 뼈 하나에 연옥에서의 형벌 100년을 감해주기로 하셨습니다. 그리고 루터를 로마로 보내십시오. 만약 루터가 순순히 말을 듣는다면 영주님께 추기경을 임명할 수 있는 권한을 주시겠다고 교황 성하께서 약속하셨습니다.

그러나 교황의 노력에도 불구하고 그는 황제 선출에서 지고 말았다. 7명의 선제후는 1519년 6월 28일 교황이 부담스러워하는 막시밀리안 황제의 손자인 스페인의 카를로스 1세를 황제로 선출했고, 그는 황제가 되자마자 카를로스 5세로 불렸다. 그렇지만 교황 레오는 카를로스Carlos 황제를 견제하기 위해서라도 프리드리히 백작과 좋은 관계를 유지해야 했기 때문에 루터를 함부로 할 수가 없었다.

라이프치히 논쟁

한때 루터의 좋은 친구였던 잉골슈타트Ingolstadt 대학 교수인 요한 에크Johann Maier von Eck는 1518년 3월에 루터의 면죄부 논제에 대해 반박하는 '날카로운 기둥들'이라는 뜻의 오벨리스키Obelisci를 써서 루터를 공격했다. 이것은 비텐베르크 대학에도 알려지게 되었다. 이에 비텐베르크 대학 신학부 학장이던 칼슈타트Karlstadt는 1518년 5월 루터가 하이델베르크에서 열린 어거스틴 수도회 총회에 참석하는 동안 380개 항목의 논제를 작성해서 에크에 정면으로 반박하고 나섰다. 이에 에크는 1518년 8월 칼슈타트의 논제에 대해 111개의 반대 논제를 출판하면서 라이프치히에서 토론회를 갖자고 칼슈타트에게 제안했다. 이로 인해 1519년 6월 27일부터 7월 15일까지 유명한 역사로 기록된 라이프치히 논쟁이 벌어졌다.

로마 교회 측에서는 잉골슈타트 대학의 교수들과 그 대학의 교수인 에크와 라이프치히 대학의 교수들이 참석했다. 루터 측에서는 비텐베르크 대학 교수인 칼슈타트와 멜란히톤Melanchthon, 암스도르프Amsdorf, 아그리콜라Agricola, 대학총장인 영주 포메른Pommern이 루터와 함께 참석했다. 양 진영이 등장한 모습을 보면 이 토론회의 분위기가 얼마나 비장했는지 알 수 있었다. 에크는 76명의 갑옷 입은 군인들의 호위를 받고 있었고, 루터 측 사람들은 도끼로 무장한 200명의 학생들 호위를 받으며 등장했던 것이다. 그리고 양 진영의 수많은 추종자가 각 도시에서 몰려들었다.

첫째 날, 모든 사람이 성 토마스 교회의 오전 여섯 시 미사에 참석한 후 라이프치히 성의 강당에서 토론이 시작되었다. 에르푸르트 대학과 파리 대학의 신학자들과 교회 법률가들로 구성된 재판관들이 함께 배석했다.

처음 일주일 동안은 에크와 칼슈타트가 예정과 자유의지에 대해서 논쟁을 벌였는데, 칼슈타트는 에크의 적수가 되지 못하고 에크가 승리했다. 에크는 전형적인 학자였고, 그의 탁월한 언변에 칼슈타트는 완전히 기가 꺾였다. 사람들은 루터가 나서주기를 원했고, 더 많은 군중이 몰려들었다. 결국 더 이상 사람들을 수용할 수 없게 되자 토론회 장소를 프리드리히 백작의 형제인 게오르크Georg 백작의 성채로 옮겨야 했다.

드디어 루터가 칼슈타트 대신 토론자로 나서자 관중들은 술렁이기 시작했다. 에크의 선제공격으로 시작된 두 사람 간의 논쟁 핵심은 교황의 수위권에 관한 것이었다. 에크는 로마 교회와 교황의 권위를 찬양하며 시작했다. "나는 로마 교황을 그리스도의 사신으로 높이 존경합니다." 그러면서 그는 1세기에 쓰여진 교서를 내놓으며 루터를 몰아붙였다.

자, 여기 1세기에 쓰여진 문서를 보시오. '로마 교회는 그 우위성을 사도들로부터 받은 것이 아니라 주님 자신으로부터 직접 받은 것이기 때문에 다른 모든 교회와 신자들보다 탁월한 권세를 누린다'라고 분명히 기록하고 있소. 이래도 로마 교회는 모든 교회보다 뛰어나며, 교황은 모든 지도자보다 위에 있다는 사실을 부인한단 말이오?

루터는 이에 대해 다음과 같이 대답했다.

나는 그 교서가 중요하지 않다고 생각합니다. 그 교서는 허위 문서로 알려진 이시도리안 교서들Isidorian decretals에 포함되었던 것으로 알고 있습니다. 교회 역사를 한 번 보십시오. 초대교회로부터 처음 1100년 동안 로마 교황의 우위성은 주장되지 않았습니다. 교황의 우위성은 그 뒤부터 지금까지 400년 동안밖에 주장되지 않았습니다. 그 전에는 높고 낮은 교회라는 것이 없었습니다. 교황도 하나님의 양일 뿐입니다. 교회의 머리는 오직 예수 그리스도입니다.

이에 에크는 교황권은 단지 인간적인 것이지 신적인 권

위가 아니라고 주장하여 콘스탄츠 공의회의 재판에서 이단으로 판결 받아 화형 당했던 보헤미아 출신의 종교 지도자 얀 후스(Jan Hus, 1372년 ~ 1415년 7월 6일)와 루터를 노골적으로 연결시키며 그를 고발했다.

지금 당신의 말을 듣고 있자니 베드로는 거룩한 교회의 머리가 아니고 그 후계자인 교황도 교회의 머리가 아니라는 후스의 악질적인 오류를 그대로 따르고 있는 것 같군요. 그렇다면 당신은 이단자 후스의 주장이 옳다고 말하고 있는 겁니까?

루터는 역사적으로 확실한 이단자로 증명된 것으로 알려진 후스와 같은 입장에 서는 것이 부담스러워 처음에는 적극적으로 반박을 하지 못했다.

나는 보헤미아인들의 주장을 배격합니다. 나는 그들이 교회를 떠나지 말았어야 한다고 생각합니다. 나는 그들의 분열을 한 번도 인정한 일이 없습니다.

그때 마침 점심시간이 되어 정회하였다. 루터는 점심도 거른 채 곧장 대학 도서관으로 달려가 후스를 정죄한 콘스탄츠 회의의 기록을 찾아 자세히 살펴보았다. 그는 다음과 같이 기록된 내용을 발견하고는 그동안 이단자라고만 알고 있었던 후스의 주장이 얼마나 성경적이었는지를 알고는 깜짝 놀랐다.

유일하고 거룩한 보편적 교회는 택함을 받은 자들의 무리이다. 보편적인 거룩한 교회는 하나이다.

오후에 개회된 회의에서 루터는 이렇게 선포했다.

저는 조금 전 후스의 재판 기록을 보면서 그의 주장 중에는 참으로 복음적이고 성경적인 것이 있음을 알게 되었습니다. 저는 로마 교회가 우위인 것을 인정하지 않아도 구원을 얻을 수 있다는 주장은 누가 했든지 상관없다고 생각합니다. 로마 교회의 우위를 인정하지 않았던 수많은 초대교회 사람들도 구원을 얻었다고 믿습니다.

 루터의 이 말에 루터 측의 비텐베르크 진영도 더 이상 할 말을 잃고 쥐 죽은듯이 조용해졌다. 왜냐하면 지금 루터는 자기가 이단자와 같은 편이라고 주장했기 때문이다. 청중들은 화가 나서 발을 쿵쿵거렸고, 이 광경을 지켜보던 게으르크 백작은 자리를 박차고 일어나 고함을 치며 루터에게 저주를 퍼붓고 토론장에서 나가버렸다.
 에크는 "네가 만약 후스와 위클리프Wycliffe의 입장을 두둔한다면 너는 하나님을 모독하는 자이고 참으로 어리석은 이단이다"라고 소리쳤다.
 루터와 에크는 남은 기간 동안 연옥과 고해성사에 대해서 논쟁을 치렀다. 에크는 구약 외경인 마카베오를 인용하면서 연옥이 실제로 있다고 주장했고, 루터는 마카베오가 정경에 속하지 않기 때문에 권위가 없다고 반박했다. 결국 기나긴 3주간의 논쟁은 공식적인 결론이 나지 않은 채 끝났다. 토론이 끝난 후 양쪽 진영은 자신들의 승리를 주장했다. 라이프치히 논쟁을 통해 루터는 교황뿐만 아니라 공의회의 권위까지 부인하는 것으로 만천하에 드러남으로써 교황과의 결렬은 공개적인 것이 되어버렸다. 이것으로 말미암아 작센의 공작 게오르크는 정치적으로 루터와 비텐베르크 종교개혁 진영에 적이 되었다.

에크는 교황에게 보내는 보고서에 다음과 같이 썼다. "죄악의 자식 루터는 작센 땅에 있는 후스입니다."

나중에 라이프치히 대학의 그리스어 학자이면서 인문주의자인 페르투스 모젤라누스Petrus Mosellanus는 라이프치히 논쟁을 설명하면서 토론자들에 대해 받은 인상을 다음과 같이 기록했다.

> 루터는 보통의 키에 연구와 근심으로 인해 피부 아래 뼈를 셀 수 있을 정도로 수척했다. 하지만 그는 남자답고 활기가 넘쳤으며, 목소리는 높고 맑았다. 그는 학식이 높았

고, 성서에 대해 해박한 지식을 가지고 있었다. … 그는 해석에 대해 판단을 내릴 만큼 충분히 그리스어와 히브리어를 알고 있었다. … 그의 삶과 행동을 볼 때 엄격한 스토아 학파의 분위기는 찾아볼 수 없었으며, 그의 행동에 대해 심술난 친구들도 전혀 없었다. … 사교 모임에서 그는 쾌활하고, 기지가 뛰어나며, 활기찼고 기쁨에 차 있었다. … 질책 당할 때 그는 종종 매우 격정적이었고, 단호했다.

칼슈타트는 키가 작고, 어두운 갈색으로 그을린 얼굴이었다. 그의 목소리는 또렷하지 않고 불만스럽게 들렸으며, 기억력이 떨어졌다. 그러나 그는 성질이 급해 화를 빨리 냈다.

반대로 에크는 단단하고 건장했으며 … 키가 꽤 컸다. 그의 입과 눈 또는 전체적으로 생김새를 보면, 신학자라기보다는 푸줏간 주인 혹은 일반 병사가 떠올랐다. … 그는 비상한 기억력을 가지고 있었다. 만일 그가 예리한 지적 능력을 갖추었다면 완벽한 사람이 되었을 텐데.

에크 마저도 훗날 루터의 뛰어난 토론 솜씨를 평가하며 다음과 같이 말했다.

완벽한 숲을 이룬 풍성한 어휘와 개념들이 루터의 지배 아래 놓여 있었다. 그는 결코 침울하거나 무덤덤한 사람이 아니다. 그는 생기발랄하고 기민하다. 자신의 대적들이 아무리 힘들게 압박한다 할지라도 그는 항상 쾌활하고 행복하다.

저술을 통해 세상에 말한 참된 신앙

라이프치히 논쟁 이후 루터가 대중의 인기를 얻기 시작하자 인문학자인 요한네스 프로벤Johannes Froben은 그때까지 출판된 루터의 라틴어 전집을 여러 판 출판했다. 이 책들은 영국, 프랑스, 스페인, 스위스, 로마에까지 급속도로 퍼져 나갔다. 루터는 일약 국제적인 인물로, 국가적인 영웅으로 떠올랐다. 루터에게는 '독일의 헤라클레스'라는 별명까지 붙었다.

1520년 초, 에크는 라이프치히에서 루터가 주장한 내용을 기록한 문서를 가지고 로마로 갔다. 로마에서는 세 개의 위원회가 루터의 주장을 조사하게 되었고, 5월 초에 교황은 루터의 오류들을 반박하는 교서를 발행했다. 〈엑수르게 도미네(Exsurge Domine, '주여 일어나소서' 라는 뜻)〉라는 이 교서는 6월 15일 나왔고, 7월 24일에 공표되었다.

일어나소서, 오 주여. 야생 멧돼지 한 마리가 당신의 포도원에 침입하였나이다.

이런 기도문으로 시작되는 교서는 루터가 60일 동안의 유예기간에도 주장을 굽히지 않는다면 파문한다는 것이 주된 내용이었다. 에크가 교서를 발표할 책임자로 임명되어 곳곳을 다니며 교황의 교서를 발표하고 붙이면서 루터의 책을 불사르는 일을 했다. 그런데 에크가 교서를 발표하려고 할 때마다 마을에서 반대를 했고, 결국 자신이 논쟁에서 승리했던 라이프치히에서조차도 학생들의 야유와 비난을 들으며 쫓겨났다.

그는 심상치 않은 여론에 밀려 황급히 라이프치히의 도미니크 수도원으로 피신했다. 하지만 루터는 왕성한 저술 활동을 통해 교회 개혁을 위한 자신의 호소를 계속해 나갔다. 그중에 1520년 8월에 출판한 《독일 기독교 귀족에게 보내는 서한 An den christlichen Adel deutscher Nation von des christlichen Standes Besserung》, 10월에 출판한 《교회의 바벨론 포로De captivitate Babylonica ecclesiae praeludium》, 12월에 출판한 《그리스도인의 자유Von der Freiheit eines Christenmenschen》가 루터 자신의 태도를 분명히 밝히고 종교개혁의 의미를 명백히 해주는 그의 대표적인 작품이라 할 수 있다. 루터는 《독일 기독교 귀족에게 보내는 서한》을 통해 먼저 로마주의자들의 세 개 벽을 지적했다.

로마주의자들은 오랫동안 세 가지 벽을 쌓아왔다. 그들은 이것으로 여태까지 어느 누구도 자신들을 개혁할 수 없도록 스스로를 보호해왔다. 첫째, 만약 세속적인 권력으로 그들을 억누르면 그 권력은 그들을 다스릴 권리가 없으며, 오히려 영적인 힘이 세속적 힘보다 위에 있다고 주장했다. 둘째, 성서를 가지고 그들을 비판하려고 하면 교황 외에는 어느 누구도 성서를 해석할 권한이 없다고 대응했다. 셋째, 공의회를 가지고 그들을 위협하면 교황 외에 어느 누구도 공의회를 소집할 권한이 없다고 꾸며댔다.

독일어로 쓰여진 이 논문은 금세 독일 전역으로 유포되었다. 루터는 이 논문에서 새 여호수아가 일어나 로마에 있는 여리고 성을 무너뜨리게 될 것이라고 암시했다.

그는 로마 교황청이 개혁을 통해 제거해야 할 세 가지에 대해서도 썼다. 교황의 세속적 권력과 사치를 지적하며 교황청이 사치를 일소하고 사도적인 검소함을 본받아야 하고, 교황의 3층 왕관과 발 키스를 금해야 한다고 주장했다. 제후와 같이 대접해야 하는 수많은 추기경들에 대해서는 추기경의 수를 대폭 감소시킬 것을 요구했다. 지나치게 많은 직원을 둔 거대한 교황청에 대해 개혁을 요구하며 각국의 통치자들은 시민들에게 밑 빠진 독에 물붓기와 같은 교황청에 세금을 내지 못하게 하자고 한 것이다.

루터는 구걸승단求乞僧團에 대한 반대, 성직자의 독신에 대한 이의 제기, 수많은 성인 축제 폐지를 주장했고, 푸거 가문을 비난하며 고리대금 관행의 문제를 고발했다. 또한 독일 교회는 독일인 성직자를 임명하고 독일 문제는 독일 법정에서 결정되어야 한다는 민족주의 문제, 교황은 영토

지배나 권력에 대한 모든 주장을 포기해야 한다는 정치 문제 등 실로 엄청난 범위의 사항들에 대해 일일이 개혁을 요구하며 논문을 마무리했다.

루터는 〈교회의 바벨론 포로〉라는 논문을 통해 성례전에 대한 자신의 신학적 입장을 분명히 정리했다. 그는 이 논문에서 성례전과 관련하여 세 가지 감옥에 대해 언급하며 강한 어조로 반박했다. 첫 번째, 평신도에게 성찬식에서 잔을 분배하지 않는 것은 성직자의 횡포라고 주장했다. 당시에는 성찬식에서 사제가 빵과 포도주를 성별聖別하는 말을 할 때 빵과 포도주는 겉의 부수적인 성질은 그대로지만, 그 실체는 그리스도의 살과 피로 변한다고 보는 화체설 Transsubstantiationslehre을 믿었다. 그렇기 때문에 평신도들이 실수로 포도주를 흘림으로써 그리스도의 피를 잃게 되는 신성 모독을 방지하기 위해 평신도들에게는 빵만 주었다. 루터는 이것이 성경적이지 않으며 평신도들에게 빵과 포도주가 다 제공되어야 한다고 했다.

두 번째로 루터가 말한 감옥은 바로 화체설의 감옥이

었다. 루터는 화체설이 1215년 제4차 라테라노 공의회IV. Lateran council에서 인노센트 3세Innocent III에 의해 교리로 확정되었다는 것을 알고 있었다. 그는 서품 받은 사제만이 성찬식에서 조용히 제정의 말씀을 언급함으로 빵과 포도주의 본질을 그리스도의 몸과 피로 변하게 만들 수 있다고 했다. 이는 성직자 계급의 권력과 위엄을 쌓게 만들 뿐 아니라 비성경적이라고 비판한 것이다. 루터는 성찬식에서 성경에 있는 분명한 성찬을 통해 약속을 붙드는 단순한 믿음만이 필요하다고 주장했다.

세 번째는, 바로 미사와 성례를 일종의 선행이나 희생이라고 생각하는 감옥이었다. 미사에서 사제는 미사의 희생물을 하나님께 바치는 임무를 수행했고, 사람들은 자신이 드린 희생의 열매로 소원을 성취할 수 있다고 믿었다. 미사를 선행이나 희생으로 보는 것은 은혜를 이용한 돈벌이의 원천이 되었고, 은혜를 부정하며 악용하는 미사 거래를 낳게 되었다. 중요한 것은 하나님께서 주시는 용서의 약속을 듣고 믿는 것이었기에 루터는 논문에서 이렇게 썼다.

하나님은 약속의 말씀을 통해서가 아니면 거래하지 않으며, 사람과 거래한 적이 없으시다. … 이와 마찬가지로, 우리는 하나님 말씀을 믿는 것 이외에는 하나님과 거래할 수 없다.

〈그리스도인의 자유〉에서 루터는 자신의 신학과 믿음의 전체 주제에 대해 가장 분명하고 명확하게 요약하였다. 이 논문에서 루터는 '무엇이 사람을 자유하고 의롭게 하는가'라는 문제에 답하면서 진정으로 자유로운 사람이 다른 사람을 도울 수 있다고 말했다. 또한 그리스도인의 자유를 다음과 같이 설명했다.

그리스도인에게 있어서 충분한 것은 믿음뿐이다. 그는 의로워지기 위해서 선행을 필요로 하지 않는다. 그는 율법으로부터 자유롭다. 선행이 그를 선하게 만드는 것이 아니라 선한 사람이 선행을 만든다. 사람이 신자와 그리스도인이 되지 않았다면 그의 선행은 아무런 가치가 없다.

그렇다고 우리가 선행을 거부하는 것은 아니다. 높이 예찬한다.

그리스도인은 모든 사람에 대하여 가장 자유로운 주인이며 아무에게도 예속되지 않는다. 한편 그리스도인은 모든 사람에 대해 가장 책임이 많은 종이며 모든 사람에게 예속되어 있다. 이 두 가지는 그리스도인의 본질을 밝혀 보여주는 말이며 서로 모순된 것 같으나 가장 근본적인 그리스도인의 자유를 말하고 있다.

결론적으로 루터는 참된 신앙이란 영적 노예 상태에서 신자들을 해방시키고 이웃에 대한 사랑과 봉사를 다하는 것임을 분명히 했다.

이상 세 편의 논문을 흔히 종교개혁의 3대 작품이라고 하는데, 이것 외에 1520년 5월에 쓴 〈선행에 관하여Von den guten Werken〉도 귀한 작품이다. 이 글에서 루터는 믿음과 선행의 관계를 설명하면서 공로사상을 철저히 배격했다.

파문된 루터가 로마 교회를 파문하다

어느덧 시간이 흘러 교황이 발부한 〈엑수르게 도니네〉 교서에서 루터에 준 60일간의 유예기간이 끝나갔다. 그 교서에서는 루터의 작품 중 41개의 발언들을 근거로 루터의 글들을 이단적이고 위법적인 거짓으로 정죄했다. 루터는 이것에 대해 〈로마의 교서가 부당하게 정죄한 모든 사항의 근거와 이유〉라는 글을 라틴어와 독일어로 써서 다시 한 번 교황의 교서에 대해 조목조목 성서적 근거를 들어 반박했다. 루터는 유예기간 중에 자신의 주장에 대해 철회할 마음이 추호도 없었다. 오히려 그의 관점은 그의 반박 논문을 통해 더욱 날카로워졌다.

루터에게 주어진 유예기간 동안 벨기에의 루뱅Leuven에서는 루터의 책들이 불태워졌고, 1520년 11월 12일에는 독일의 쾰른Köln에서, 11월 28일에는 마인츠에서도 루터의 주요 서적들이 소각되었다. 이런 사건 때문인지 루터의 95개조 반박문이 붙었던 비텐베르크 교회 문에 루터의 친구 멜란히톤이 다음과 같은 공고를 붙였다.

> 12월 10일 오전 9시, 시동편에 있는 엘스터 성문 앞 광장에서 교황청의 불경스러운 책들과 스콜라 신학 서적을 불태우는 일에 동참할 모든 진리의 친구를 초청합니다.

교황이 루터에게 준 유예기간의 마지막 날인 1520년 12월 10일에 다수의 비텐베르크 대학생들, 교수인 멜란히톤, 아그리콜라, 그리고 루터와 그의 지지자들이 오전 9시에 엘스터Elster 성문 앞 광장에 모였다. 그들은 책을 불태울 장작을 만들고 불을 붙였다. 먼저, 아그리콜라가 교회법 Corpus Juris Canonici 서적들과 공인된 고해 안내서, 루터의 반대자인 에크와 엠저Emser의 책들을 불 속으로 던졌다. 그리고 멜란히톤이 비장한 얼굴로 모인 사람들에게 큰 소리로 말했다. "오늘은 루터가 교회로부터 파문당하는 날입니다. 그 전에 우리는 예수 그리스도의 이름으로 교회를 파문합시다."

그곳에 모인 사람들이 크게 환호하자 루터가 불 앞으로 다가갔다. 그러고는 자신을 향한 교황의 파문교서를 불에 던졌다. 이로써 루터와 로마 교회 사이의 모든 다리도 불타버렸다. 루터와 교수들 그리고 조교들은 신속히 그 자리를 떠났고, 학생들은 이 사건에 흥분해서 요란스럽게 거리를 행진하였다. 어떤 학생은 칼끝에 면죄부를 꽂으며 행진했고, 어떤 학생은 교황의 교서를 복사하여 마차 위에 올라가 깃발처럼 흔들며 다녔다. 한 무리는 교황을 위한 히브리어 장송곡을 부르기도 했다. 루터는 《무엇 때문에 교황과 그의 측근들의 책이 마틴 루터 박사에 의해 소각되었는가?》라는 책을 써서 자신의 소각 행동의 정당성을 설명했다. 이제 루터에게 남은 것은 이단자 선고뿐이었다.

마침내 루터를 로마 교회에서 영원히 추방하는 최후의 파문인 교황의 교서〈로마 교황은 이렇게 말한다Decet Romanum Pontificem〉가 1521년 1월 3일에 공포되었다. 이 파문교서에는 루터뿐만이 아니라 현제공 프리드리히와 인문학자 울리히 폰 후텐Ulrich von Hutton도 이단을 도운 인물로 포함되었다. 프리드리히는 이 교서를 전달받고서 자신은 루터의 주장에 책임질 이유가 없다고 항의했다. 결국 1521년 5월에 발행된 최종본에는 프리드리히와 후텐의 이름은 빠졌고 루터의 이름만이 언급되었다.

그때까지 그 누구도 감히 교황의 교서를 공개적으로 소각한 사람이 없었기 때문에 루터가 교황의 교서와 교회법을 불태웠다는 소식은 온 유럽으로 퍼졌고, 유럽의 도시들은 이 일로 술렁거렸다. 루터는 교회에서는 파문당했지만 대신 유럽 전역에서 수백만 명의 지지자를 얻게 되었다.

4장

하나님 말씀으로 개혁을 외친 신학자

양심을 외친 보름스 제국회의

1521년 1월 3일, 교황은 루터를 파문하는 마지막 교서에 서명을 함으로써 루터와 그를 지지하는 사람들을 이단자로 선언했다. 교황 레오는 루터를 정치적으로도 확실하게 심판하기를 바랐다. 그래서 레오는 새 황제의 통치를 알리는 제국회의에 교황청 대사인 히에로니무스 알렉산더 Hieronymus Alexander와 마리노 카라치올로 Marino Caracciolo를 보내 새롭게 황제가 된 카를로스 5세가 루터에 대한 교황의 파문장에 서명해서 루터의 공민권을 박탈하도록 설득하려고 했다. 그러나 프리드리히 현제는 루터가 황제와 객관적인 배심원단 앞에서 공정한 심문을 받아야 한다고 주장했다.

수차례의 토론 끝에 결국 3월 6일자로 황제가 루터에게 보름스 제국회의에 출두하라는 소환장을 보냈다. 그것과 루터가 오고 가는 여행길에 안전을 보장하는 확인서도 발부했다.

루터는 비텐베르크에서 부활절 예배를 드린 후 친구들의 만류에도 불구하고 4월 2일에 페트젠스타이너Petzensteiner, 대학 동료인 니콜러스 암스도르프와 그 지역의 변호사였던 제롬 슈어프Jerome Schurff와 함께 금세공업자인 되링Dring이 제공한 마차를 타고 보름스Worms로 떠났다. 비텐베르크 시는 이들에게 충분한 여행 경비를 주었다. 루터는 떠나기를 만류하는 사람들에게 이렇게 말했다. "우리는 보름스에 입성할 것입니다. 지옥의 모든 문과 하늘의 모든 권세가 막으려고 할지라도! 우리의 사명은 마귀를 쫓아내는 것입니다."

프리드리히 현제의 비서이자 루터의 친한 친구인 슈팔라틴Spalatin은 결연한 루터를 보고서 이렇게 말했다.

"그는 보름스로 가려고 한다. 그곳의 지붕 위에 있는 기왓장의 수만큼이나 마귀들이 있을지라도…."

루터는 보름스로 향하는 내내 그의 일행을 대대적으로

환영하는 인파를 보고 깜짝 놀랐다. 지나가는 도시마다 그에게 설교를 해달라는 요청이 빗발쳤고, 루터는 도중에 자신의 고향인 아이젠나흐에서 설교를 하고 시민들의 뜨거운 환호를 받기도 했다.

루터와 일행은 4월 16일 오전에 보름스에 도착했다. 루터는 이튿날인 4월 17일 오후에 황제와 제국회의 앞에서 심문을 받았다. 루터 주위로 황제 카를로스 5세가 앉아 있었고 공작들과 프리드리히를 비롯한 선제후들이 서 있었다. 트리어Trier 대주교의 법률고문인 요한네스 에크(라이프치히 논쟁 때의 에크가 아님)가 루터에게 질문을 하였다.

"루터 박사님, 당신은 지금 이 앞에 놓인 20권이 넘는 이 책들을 모두 박사님 책들로 인정하십니까?" 루터는 간단하게 대답했다. "네, 제가 쓴 것들이 맞습니다. 그리고 제가 쓴 책은 이것들 말고도 더 있습니다."

"그렇다면 두 번째 질문을 하겠습니다. 그렇다면 루터 박사님은 이 모든 책이 다 옳다고 생각하십니까? 아니면 그 중에 일부를 취소할 마음이 있습니까?" 에크의 두 번째 질문에 첫 번째 질문을 받았을 때와는 달리 루터는 신중하게 말했다.

이 질문은 하나님의 말씀이 관심을 기울이고 있는 믿음과 영혼 구원의 문제와 결부된 질문이기 때문에 제가 너무 많이 말하는 것이나 너무 적게 말하는 것은 모두 위험합니다. 황송하옵니다만, 황제 폐하께서 제게 생각할 시간을 주시기 바랍니다. 그러면 제가 예수님을 부인하거나 제 영혼을 위험에 빠뜨리지 않고 답변할 수 있겠습니다.

황제와 선제후들은 루터의 청원에 놀라 대기실에 모여 잠시 토론을 벌인 후 루터에게 하루의 시간을 주기로 했다.

다음 날, 심문은 전날보다 더 큰 방에서 사람들이 빽빽하게 들어선 가운데 개최되었다. 루터는 황제와 선제후와 공작들 앞에 섰고, 에크는 전날의 질문을 반복해서 물었다. 이에 루터는 미리 준비한 답변서를 읽지 않고 자유롭고 담대하게 자신의 신념을 피력했다.

당신은 어제 나에게 이 책들이 나의 책인지 그리고 내가 그것들을 철회할 것인지를 물었습니다. 그것들은 모두 나의 책입니다. 그러나 두 번째 질문에 대해서 먼저 그것들이 모두 한 종류의 책이 아닌 것을 분명히 하고자 합니다. 첫 번째 종류는 신앙과 생활 문제를 단순하게 그리고 복음적으로 다루는 순수한 신앙적인 책들입니다. 그것들에 대해서는 나의 원수들조차도 읽을 가치가 있다고 인정했습니다. 그렇기에 저는 이 종류의 책들은 논쟁거리가 되지 않는다고 생각합니다. 두 번째 종류는 교황청의 법과 교리를 지적한 것입니다. 나는 교황의 횡포를 지지하지 않기 때문에 이 종류의 책들을 철회할 수 없습니다. 세 번째 종류는 교황 제도를 지지하는 개인들에 대해 반박하는 글입니다. 물론 일부분 너무 과격하게 표현한 곳은 있지만 결국 교황 제도와 그 교리를 통해 신자들이 명백하게 현혹되고 있고, 특히 독일에서 부당한 방법으로 재물을 몰수하고 있기에 이것 역시 철회할 수 없습니다. 만약 나에게 잘못된 점이 있다면 황제 폐하를 비롯한 모든 참석자가 성경을 인용해서 밝혀 주시고, 그렇게 해서 나의 오류가 밝혀진다면 나는 나의 모든 오류를 취소할 준비가 되어 있습니다.

이에 에크는 흥분해서 강하게 명령하듯 말했다.

루터, 그대는 그대의 책들을 정확하게 구분하지 못했소. 초기의 것들은 악하고 후기의 것들은 더욱더 악한 것일 뿐이오. 그대는 위클리프와 후스의 오류를 반복하는 것에 지나지 않소. 뿔로 받지 말고 솔직하게 답변하시오, 다시 한 번 묻겠소. 그대는 그대의 책들과 그 속에 있는 가르침을 철회하겠소, 아니면 하지 않겠소?

그러자 루터는 다음과 같은 역사상 가장 연설 중 하나로 꼽히는 유명한 말로 자신의 변호를 마쳤다.

귀하가 나에게 단순한 대답을 요구하시니, 나는 뿔로 받거나 이를 드러내지 않고 답변하겠습니다. 나는 교황이나 공의회가 종종 잘못을 범하고 서로 모순되었다는 것은 잘 알려진 일이기 때문에 그것들을 신뢰하지 않습니다. 성서의 증거나 명백한 이성에 의해 나의 유죄가 증명되지 않는 한, 내가 인용한 성서가 나를 구속할 것입니다. 또 나의 양심은 하나님 말씀에 사로잡혔기 때문에, 나는 아무것도 철회할 수 없으며 철회하지도 않겠습니다. 양심을 따르지 않는 것은 불확실한 것이며, 영혼을 위협하는 것이기 때문입니다. 하나님, 저는 여기 이렇게 흔들리지 않고 서 있습니다. 저를 도와주십시오. 아멘!

루터는 마지막 사자후를 마친 후 강당을 빠져 나왔다. 참관자 중 스페인계 사람들은 당당하게 퇴장하는 루터의 등 뒤로 욕설을 퍼부었다. 혼란 속에 청문회를 마치고 다음 날 4월 19일에 카를로스 5세는 판결을 내렸다. 그는 제국의원들에게 직접 프랑스어로 쓴 설명서를 배부했고 그것을 독일어로 번역하여 낭독시켰다.

나 카를로스 5세는 수도사 한 사람이 천오백 년의 기독교 역사를 거스르고 있다고 생각하오. 나는 이제 그를 악명 높은 이단으로 고소하니 이 시간 이후로는 루터를 악독한 이단자를 대하듯이 지체 없이 대하시오. 그러나 일단 그가 안전하게 돌아가는 길은 약속대로 보장해 줄 것이오. 그러나 곧 사법 처리가 있을 것이오.

이런 황제의 판결이 내려진 후 제국의원들 사이에서는 그 판결을 놓고 논쟁이 이어졌다. 결국 대주교 3~4명으로 이루어진 위원회가 만들어져 루터의 잘못을 성경으로 입증하려고 머리를 맞댔다. 그러나 위원회는 성경에서 루터의 주장을 지적할 만한 구절을 찾지 못했다.

교황청 대사인 알렉산더는 황제의 판결에 따라 루터를 정죄하는 문서를 만들었고, 황제 카를로스 5세는 바로 이 '보름스 칙령'에 서명했다. 이 칙령에는 루터에 대한 모든 법률적인 보호를 박탈할 것과 그를 체포해서 황제에게 이송할 것, 그리고 루터의 모든 글과 그의 추종자들을 없애고

앞으로 제국 내의 모든 종교적 출판물은 감독의 승인을 얻도록 하는 내용이 들어 있었다.

프리드리히 백작은 이제는 자신이 설립한 비텐베르크 대학의 교수로 국제적인 영웅이 된 루터가 해를 입는 것을 원하지 않았고 동시에 황제의 분노도 사고 싶지 않았다. 그래서 그는 아무도 몰래 루터를 숨기기로 작정했다. 루터가 보름스를 떠나기 전날 밤에 그 계획을 알려 주었다.

마침내 1521년 4월 25일에 루터는 21일 이내로 비텐베르크로 돌아가라는 통보를 받았다. 루터의 일행은 루터의 안전을 보장하는 일을 맡은 황제의 특사 한 명과 함께 보름스를 출발했다.

바르트부르크 성의 은둔 생활

비텐베르크로 돌아가는 길에 루터는 사람들로부터 보름스로 갈 때보다 더 뜨거운 환호를 받았다. 루터는 동행하던 황제의 특사에게 자신은 더 이상 보름스 칙령을 따를 의사가 없다고 말한 뒤 되돌려 보냈다. 그런데 루터 일행이 알텐슈타인Altenstein 근처 계곡을 지나가고 있을 때 프리드리히 현제가 비밀리에 보낸 기마병 무리가 나타나서 루터를 납치했고, 그런 비밀 계획을 몰랐던 나머지 일행들은 모두 도망갔다. 기마병들은 루터를 데리고 바르트부르크 성으로 데리고 갔다.

루터는 프리드리히와 슈팔라틴을 비롯한 그 비밀 계획을 세운 소수의 절친한 친구들 외에는 아무도 몰래 바르트부르크 성에서 숨어 있게 되었다. 1521년 5월 4일부터 1522년 3월 1일까지 10개월 동안 루터는 융커 외르크

Junker Jörg라는 가명을 쓰면서 바르트부르크에서 지냈다. 거기서는 오직 그 성의 책임자인 한스 폰 베에렙쉬Hans von Berlepsch라는 사람만이 루터의 정체를 알고 있었다.

루터가 납치될 때 도망갔던 일행들의 이야기를 통해 비텐베르크를 비롯한 독일 전역에는 루터에 대한 여러 가지 소문이 무성했다. 많은 사람은 루터가 황제에 의해 납치되어 결국 화형을 당했을 것이라고 여기거나 교황 레오가 그를 납치했을 것이라고 생각했다. 그러나 정작 황실에서도 루터의 행방을 알지 못해 사방으로 수소문하고 있었다. 황제는 프리드리히 현제에게 루터의 행방을 물었지만 프리드리히는 모른다고 거짓말을 할 수밖에 없었다. 독일의 유명한 화가 알브레히트 뒤러Albrecht Dürer는 루터의 실종 소식을 듣고 다음과 같이 말했다.

하나님, 만일 루터가 죽는다면 지금부터 누가 우리에게 복음을 그토록 명확하게 제시해 주겠습니까? 오, 하나님! 10년, 아니 20년만 더 있었어도 그는 우리를 위해 더 좋은 글들을 남길 수 있었을 텐데요!

한편 루터는 그동안 치열했던 투쟁의 현장에서 완전히 고립된 혼자만의 시간과 공간을 갖게 되었다. 일단 그는 성에서 지쳤던 심신을 안식하며 시간을 보냈다. 또한 혹시라도 주위의 사람들이 자신을 알아볼까봐 칩거하면서 머리와 수염을 길렀고, 수도사 복장도 일반인의 복장으로 바꿔 입었다. 하지만 루터는 기질상 그렇게 정적인 생활을 오랫동안 할 수 있는 사람이 아니었다. 그는 은둔 생활을 통해 점점 영적인 활력을 잃어버리고 무엇보다 자신의 정욕과 죄의 본성을 확인할 수밖에 없었다. 그는 친구 멜라히톤에게 쓴 편지에서 자신에 대해 이렇게 고백했다.

나는 여기서 바보처럼 앉아 있네. 안일함 속에 마음도 무감각해지고 기도도 거의 하지 않으며, 하나님의 교회에 대한 탄식도 나오지 않는다네. 하지만 진정할 수 없는 육신은 강한 화염으로 타오르고 있어. 정말 나는 영적으로 불타올라야 하는데 도리어 정욕과 게으름, 안일함과 잠만 열심히 쫓고 있다네.

그러나 바깥에서 들려오는 소식들은 침체에 빠진 루터를 다시금 자극하기 시작했다. 마인츠의 대주교 알브레히트는 본디오 빌라도가 손을 씻었다고 하는 대야와 아담이 빚어질 때 썼다는 흙 한 줌을 자신의 성물 품목에 추가하였다. 그 성물들을 신자들에게 공개하며 그곳에 방문한 자들에게 일괄 면죄를 약속한다는 소식이 루터에게 들렸다. 루터는 격분했고 〈할레의 우상숭배를 반대하여Wider den Abgot zu Halle〉라는 논문을 써서 알브레히트 대주교에게 보냈다. 결국 알브레히트는 루터의 질책에 굴복했다. 이것을 시작으로 루터의 글들이 하나둘씩 세상에 나오기 시작하면서 사람들은 루터가 죽지 않고 살아서 어딘가에 숨어 있으면서 계속 활동하고 있다고 믿게 되었다.

그는 이 기간 동안 시편 68편, 21편, 22편 그리고 37편에 대한 주석을 썼다. 그리고 〈마리아 찬가Magnifikat〉에 대한 주석도 이어서 완성했다. 루터는 자신이 속한 비텐베르크 어거스틴 수도사들이 수도원에서 미사 드리는 일을 중단했고, 13명의 수도사들이 수도원을 떠났다는 소식을 들었다. 떠난 수도사들의 수는 비텐베르크 어거스틴 수도원의 수도사 삼분의 일에 해당하는 수였다. 루터는 그것을 계기로 1521년 11월에 《수도사 서원에 대한 판단De monasticis iudicium》이라는 방대한 책을 썼다. 루터는 슈팔라틴에게 쓴 편지에서 이 책을 쓰게 된 동기에 대해 이렇게 썼다.

> 나는 이제 수도사의 서원 문제를 다루고 젊은 사람들을 독신의 지옥에서 풀어주기로 결심했네.

그는 이 책에서 자신의 수도사로서의 과거를 정리하고 '가난, 순결, 그리고 복종'이라는 수도사 서원은 그리스도인의 자유와 모순된다고 주장했다. 자신은 예수 그리스도 외에 어떤 다른 일이나, 감독, 교황도 알지 못한다고 강조하며 다음과 같이 썼다.

그리스도를 통해 나의 양심은 자유하게 되었다. 그리스도인의 자유는 양심의 자유다. 그 때문에 나는 아직도 수도사고, 동시에 수도사가 아니다. 나는 교황이 아닌 예수 그리스도의 피조물이다.

그는 은둔 생활 중에도 펜과 종이를 통해 왕성한 개혁 활동을 계속하였다. 1521년 성 미카엘 축일에 멜란히톤은 빵과 잔을 다 배분하는 양종성찬의 성례를 거행했다. 그리고 어거스틴 엄수파 회원들은 개인 미사를 폐지했다. 이런 예배와 미사의 개혁을 보며 루터는 〈개인 미사의 폐지에 대하여 De abroganda missa privata〉를 썼다. 그는 여기서 사제들이 회중 없이 그 자신을 위하거나 혹은 죽은 자를 위해서 집행하는 개인 미사뿐만 아니라, 좋은 공적이 된다는 생각으로 행하는 미사의 희생을 비판했다. 그는 〈히브리서〉에 있는 그리스도의 '단 한 번'의 십자가 희생을 인용해서 희생의 성격으로 드리는 미사를 강하게 반대했다.

루터는 비텐베르크에서 들려오는 여러 가지 불안한 소

식들로 인해 잠시 비텐베르크를 방문해서 상황을 파악하고 정리하기로 했다. 루터는 예전과는 다른 모습을 한 채로 1521년 12월 4일부터 9일까지 친구인 암스도르프 집에 숙박하며 보름스 국회 이후 처음으로 비텐베르크에 머물게 되었다. 그는 비텐베르크에서 진행되고 있는 종교개혁의 상황을 보면서 이제는 자신이 교회 개혁을 원하지 않는 쪽이 아니라 개혁 진영 내부의 여러 분파들과 싸우고 조정해야 한다고 생각했다.

루터가 방문 기간에 들었던 여러 소식 가운데 츠비카우Zwickau 마을에 나타나서 자신들이 하나님으로부터 직접 환상과 계시를 받았다고 주장한 세 사람으로 인한 영향에 대해 심각하게 받아들였다. 그 세 사람은 직조 상인인 니콜라우스 스토르크Nikolaus Storch와 토머스 드레히젤Thomas Drechsel, 그리고 한 때 멜란히톤의 제자였던 마쿠스 스튀프너Markus Stuebner이다. 이들은 성령의 직접적인 지도를 받는다고 자랑하고, 내적인 말씀이 중요한 것이라고 하면서 급기야 기록된 성경 말씀이 꼭 필요한 것은 아니라고 주장했다. 루터가 더 우려한 이유는 멜란히톤조차 그들의 주장에 매력을 느끼고 있었기 때문이다. 그는 이것을 통해 일반 독일 사람들이 직접 성경을 읽고 하나님 말씀을 깨달아야 할 필요성을 강하게 느꼈다. 그래서 루터는 당시 라틴어로만 되어 있어서 소수의 사제들만이 읽고 있던 라틴어 성경을 독일어 성경으로 번역하기로 결심했다.

루터는 바르트부르크 성으로 돌아오자마자 즉시 두 가지 작업에 몰두했다. 첫 번째는 그가 목격한 교회 개혁 과정에서 벌어진 폭동에 대해 경고하는 일이었다. 그는 〈소요에 폭동을 피해야 할 모든 그리스도인에 대한 신실한 경고Eine treue Vermahnung zu allen Christen, sich zu hueten vor Aufruhr und Empoerung〉라는 글을 썼다. 그는 사람들이 폭력을 통해 교회 개혁을 이루려는 것에 대해 그것은 주님의 방법이 아니라고 책망했다. 루터는 글에서 하나님 말씀은 비폭력적이지만, 개혁의 능력을 가지고 있음을 말하면서 복음을 당파적인 것으로 만들지 말라고 복음주의자들에게 경고했다. 루터는 그들이 자신들을 '루터적이다'라고 말하는 것조차도 금지시켰다.

  두 번째로, 그는 신약성경의 독일어 번역을 시작했다. 물론 당시에 독일어 성경이 없었던 것은 아니었다. 1500년 이전에 다양한 독일어 번역본들이 나왔다. 하지만 그것들은 중세 교회의 공식 라틴어 성경인 불가타Vulgata 성경을 번역한 것이어서 번역본의 번역이었다. 그렇기 때문에 라틴어 번역의 오류를 그대로 포함하고 있었다. 루터는 그런 라틴어 번역의 오류를 잡기 위해 1519년에 나온 에라스무스Erasmus von Rotterdam의 그리스어 신약성경 두 번째 판을 사용해서 독일어로 번역하기 시작했다. 루터는 11주 동안 줄기차게 작업을 진행해서 초고를 완성했고, 그것을 비텐베르크의 동료들에게 보내어 교정을 보도록 했다.

독일어 성경을 출판하다

루터가 바르트부르크 성에서 열심히 성경을 번역하고 있는 동안 독일 전역에서는 급격하게 개혁이 진행되면서 불안정한 양상을 보이기 시작했다. 예배는 라틴어가 아닌 독일어로 드리기 시작했고 모든 성상은 제거되었다. 학생들은 교구 교회에서 드리는 미사를 큰 소리로 중단시켰으며 사제들을 제단에서 쫓아냈다. 그동안 귀족과 교회의 횡포에 눌려 살던 농민들이 여기저기에서 폭동을 일으켰다.

루터는 이러한 소식들을 접하면서 '사탄이 비텐베르크에 있는 나의 성도들에게 침입했구나'라고 생각했다. 사제단 회의, 대학 그리고 시의회는 더 이상 프리드리히 영주가 통제할 수 없는 지경이 되었다. 결국 프리드리히는 루터가 돌아와서 이 혼란을 수습해 주기를 요청했다. 마침내 루터는 1522년 3월 6일에 비텐베르크로 돌아왔다.

잠적했던 루터가 다시 돌아왔다는 소식에 사람들은 3월 9일 사순절 첫 번째 주일예배에 그를 보기 위해 몰려왔다. 루터는 이날부터 총 8편의 설교를 통해 매우 영향력 있게 당시의 상황들을 진정시키고 새롭게 변화시켜 나갔다. 그래서 사람들은 루터가 비텐베르크에 돌아와서 시작한 총 8편의 설교를 '탄원 설교Invocavit Sermons'라고 불렀다. 루터는 1522년 3월 9일 예배에서 다음과 같이 호소했다.

그러므로 미사를 폐지하는 데 협조했거나 동의했던 사람들이 잘못이었습니다. 여러분은 성경에 의거해서 그것이 옳았다고 말합니다. 나도 동감입니다. 하지만 성경의 명령들은 어디에 갔을까요? 왜냐하면 이 행동이 본래의 명령을 고려하지 않고 무질서하게 행해졌고 여러분의 이웃에게 무례하게 했기 때문입니다. 만일 여러분이 미리 하나님께 진지한 기도로 요청하고 관계자들의 도움을 받았었다면, 미사가 하나님께로부터 온 것임을 확신할 수 있었을 것입니다.

루터는 설교를 통해 기독교 사랑을 무시하고 변화들만을 일삼는 자들을 깨우치고, 기독교 자유를 무시하고 힘만을 사용하려는 자들을 꾸짖었다. 그리고 믿음을 혼란스럽게 하는 어떠한 의식이나 예식들을 변화시켜서는 안 된다고 강조했다. 즉 성직자들의 결혼, 수도원주의, 금식, 그리고 성상과 성화 사용 등과 같은 비본질적인 문제들에 대한 결정들은 개인의 양심에 맡겨야 한다고 했다. 그리고 루터는 두 번째 탄원 설교에서 자신이 시작한 개혁은 철저히 하나님 말씀 중심이어야 함을 강조했다.

인간적인 성급한 방법으로 개혁을 시도하는 것은 잘못입니다. 그것은 하나님에 대한 전적인 신뢰에 근거하지 못하기 때문입니다. 그의 말씀이 일을 이루시도록 우리는 우리의 노력이나 간섭을 배제하면서 수종들어야 할 뿐입니다. 우리는 말씀을 전파할 뿐이고 그 결과는 오직 하나님의 기쁘신 뜻에 맡겨야 할 것입니다. 다시 말해서, 나는 오로지 설교하고, 가르치고, 저술할 뿐 아무도 무력으로 억제하지 않을 것입니다. 나는 말씀이 일을 이루시도록 수종들뿐입니다.

이러한 루터의 노력으로 개혁은 다시 원래대로 돌아갔다. 결국 급진적인 개혁을 이끌었던 칼슈타트와 몇몇 개혁가들은 비텐베르크를 떠났고 점차 질서가 회복되었다.

루터는 바르트부르크 성에서 초고를 작성한 신약성경 번역을 완성하였다. 그는 멜란히톤과 함께 자신의 독일어 번역 성경을 면밀히 검토한 후 1522년 9월에 독일어 신약성경을 출판했다. 9월에 출판되었기 때문에 이것을 "9월 성경das sog. September-Testament"이라고 일컫기도 한다. 초판이 나오자마자 루터의 독일어 성경은 날개 돋친 듯이 팔려 금방 매진되었다.

루터는 비텐베르크 대학 동료들과 다시 한 번 9월 성경을 개정하는 작업에 몰입했다. 그들은 당시 일반 독일 사람들의 말을 철저히 파악해서 언어학적으로 정확하고 쉽게 성경을 다듬었다. 그래서 그해 12월에 《12월 성경das sog.

Dezember-Testament》을 발간했다. 루터의 독일어 성경은 당시 많은 방언으로 나뉘어 있었던 독일어 통일에 크게 기여했다. 또한 수세기 동안 독립적이고 근대적인 독일어를 형성하는 데 지대한 영향을 미쳤다. 바로 이 독일어 성경 출판이 루터가 남긴 업적 가운데 가장 의미 있는 일이라고 할 수 있다.

루터는 구약성경도 번역하기 시작했는데 이 작업은 무려 12년이나 걸렸다. 중간 중간에 구약의 각 성경이 개별적으로 번역되어 나온 후 비로소 1534년에서야 신구약 합본 독일어 성경이 완성되었다.

하나님의 왕국, 세상의 왕국

비텐베르크로의 귀환 후 루터의 역할은 성공적이었다. 그러나 그 외 지역의 개혁 진영에서는 루터에 대한 불만과 비판이 고조되었다. 그런 진영의 대표적인 사람이 토머스 뮌처Thomas Müntzer였다. 그는 프랑크푸르트와 라이프치히에서 신학을 공부하고, 1520년에 츠비카우에 부임해서 설교하기 시작했다. 또한 1522년에는 알스테트Allstedt에서 설교를 하기도 하였다.

토마스 뮌처는 사람들에게 큰 인기를 얻었고 많은 사람이 그를 추종했다. 1523년에는 알스테트에서 종교개혁을 일으켰는데, 이것은 많은 물의를 일으켰다. 그는 처음에는 루터의 지지자로서 그로 인해 자신이 '복음으로 다시 태어났다'고 고백하기도 했지만 곧 루터로부터 등을 돌리게 되었다. 그가 1522년에 멜란히톤에게 보낸 편지에 다음과 같이 썼다.

우리가 사랑하는 루터는 무례하게 행동한다. 그가 힘없는 이들에게 상처주고 싶어 하지 않기 때문이다. … 그러나 그리스도인들의 고난은 이미 빈사 상태에 있다. … 우물쭈물하지 마라. 시간이 되었다.

그는 연약한 양심을 가진 신자들을 고려해야 한다는 루터의 종교개혁 원칙에 동의할 수 없다고 말한 것이다. 뮌처가 주장하기를 그리스도 안에서 그의 영을 느끼지 않는 사람이나, 성령이 있다는 것을 확신하지 않는 사람은 그리스도인이 아니라 사탄의 일원이라고 했다. 그에 의하면 내적인 음성을 통해 직접 하나님을 인지하는 사람만이 선택된 자요, 진정한 그리스도인이라는 것이었다. 그는 루터가 성경에 있는 죽은 말을 통해서만 말하는 '벙어리 하나님'을 숭배한다고 비판했고, 루터가 선택한 고난의 인내를 비겁하고 타협하여 마지못해 하는 것으로 생각했다.

1524년에 루터에 대한 그의 공격이 더욱 격렬해지면서 그는 신랄한 논문 하나를 썼다. 제목은 〈성서 강탈과 왜곡으로 우리의 불쌍한 그리스도 교회를 너무 심하게 오염시켜온 비텐베르크의 정신적이지 않은 안락한 육체에 대한 고도로 자극적인 해명과 이에 대한 반박〉이었다. 그는 루터의 정치 신학도 공격했는데, 이것을 계기로 〈세속 권력, 어디까지 순종해야 하는가?〉라는 논문을 1523년에 써서 자신의 정치 신학을 분명히 했다.

정치는 루터의 중요 관심사가 아니었지만 루터는 개혁을 진행하면서 정치와 무관할 수가 없었다. 그는 여기서 세상을 두 개의 왕국으로 구분하며 이렇게 썼다.

우리는 온 인류를 두 종류로 구분해야 한다. 즉 하나님의 왕국에 속한 자와 세상의 왕국에 속한 자로 구분한다. 우리는 내적으로는 하나님의 왕국을 만족시키고 외적으로는 세상의 왕국을 만족시킨다.

루터는 두 개의 왕국이 있기 때문에 하나님은 두 가지 방식으로 세상을 통치하신다고 다음과 같이 설명했다.

이와 같은 이유로 하나님께서는 두 통치 기관을 세우셨다. '영적 통치 기관'과 '세속적 통치 기관'이 그것인데, 전자는 성령이 그리스도 안에서 그리스도인들과 의인들을 만들어 내고 후자는 비그리스도인들과 악인들을 억제하여 외적 평화를 유지하게 한다. 두 통치 기관이 다 존재해야 한다. 하나는 의를 산출하고 다른 하나는 악을 견제하여 외적 평화를 가져온다.

루터는 법과 무력으로 통치하는 세속적 통치 기관을 '국가'라고 했고 말씀의 법과 사랑의 영으로 통치하는 영적 통치 기관을 '교회'라고 보았다. 루터에게 있어서 두 통치 기관의 관계는 모두 세상을 다스리기 위한 목적으로 하나님이 세운 기관이기 때문에 서로 긴밀한 연관이 있다고 했다. 그는 자신의 논문을 다음과 같이 결론 맺었다.

만약 그리스도인들에게 세속 통치권이나 법률이 필요 없다면 왜 바울이 '각 사람은 위에 있는 권세들에게 굴복하라'(롬 13:1)고 했고, 베드로는 '인간에 세운 모든 제도를 순복하라'(벧전 2:13)고 했는가? 그리스도인들은 자신들을 위한 법률이나 처벌이 필요 없다. 그것은 그들에게 필요하지도 않고 도움을 주지도 못한다. 그것은 온 세상을 위하여, 즉 평화를 유지하고 죄를 처벌하고 악인을 견제하기 위하여 필요하다. 그러므로 그리스도인들은 자발적으로 세속 통치권에 복종하고, 세금을 지불하며, 통치자들을 존경하고 통치권을 돕기 위해 모든 봉사를 제공한다. 자신을 위해서는 이와 같은 일들을 할 필요가 없지만 다른 사람들에게 도움이 되고 유익한 일에 자신을 내맡긴다. … 두 통치 기관이 모두 필요하며 하나라도 없으면 안 된다.

루터는 그리스도인들은 원칙적으로는 성령에 의해 내적 지배를 받기 때문에 세속 통치권의 직접적인 지배가 필요 없다고 보았지만 실제로 그리스도인들은 성령에 의해 지배 받는 '의인들'인 동시에 옛 성품에 의해서 지배 받는 '죄인들'이기 때문에 그리스도인들은 자기 자신들을 위해서라도 세속 통치권에 의해 견제를 받는 것이 필요하다고 주장했다.

새로운 복음 사상이 갇히고 마는가?

당시의 농민들은 점점 늘어나는 세금과 치솟는 물가로 더욱 힘든 삶을 살게 되었다. 과거에도 농민들은 몇 차례 자신들의 이런 불만을 무력으로 영주들의 성채를 공격함으로써 터트린 적이 있었다. 하지만 번번이 많은 피를 흘리며 진압되고 말았다. 농민들의 현실적인 어려움은 당시 독일 사회에 상당한 불안감을 조성하고 있었다.

이런 상황에서 1525년 2월에 루터의 추종자였던 크리스토프 샤펠러Christoph Schappeler와 모피상이었던 세바스찬 로처Sebastian Lotzer가 〈슈바벤 농민들의 12개 조항〉을 작성했다. 이 문서는 농민들의 요구 사항을 밝힌 표준적이며 널리 사용된 선언문이 되었다. 이 조항들은 루터의 초기 주장들을 분명히 담고 있었다. 제1조에서는 자신들의 목회자를 멀리 있는 주교나 교황이 임명하지 말고 마을에서 뽑을 권한을 달라는 것이었다. 또한 그 항목들은 강제적인 십일조의 폐지, 농노제의 폐지, 귀족들이 소유하고 있는 땅에서 낚시하고 수렵하고 벌목할 수 있는 권한, 지나친 과세의 폐지를 요구했다. 그리고 그 문서는 만일 그런 요구 조항들 중에 성경에 대한 분명한 설명을 통해서 하나님의 뜻에 어긋나는 것이 있으면 철회하겠다는 약속으로 끝맺었다.

루터는 1525년 4월 중순에 그 12개 조항을 읽게 되었고, 거기에 대한 답변으로 〈슈바벤 농민들의 12개 조항에 대한 평화에의 권고〉를 썼다. 루터는 이 글을 통해 농민들이 처했던 어려움을 인정하면서 영주들과 성직자들에게 농민들을 학대하거나 지나치게 사치하며 살았다면 회개하라고 말했다. 또 늦기 전에 농민들과 합의점을 찾을 것을 권면했다. 농민들을 향해서는 그들이 요구를 제시할 때는 법과 양심을 지켜야 한다고 경고하였다. 예수 그리스도를 따르는 자들이 결코 잘못된 것을 수정하기 위해 무력을 사용해서는 안 된다고 못을 박았다. 그리고 루터는 '칼로 일어난 자는 칼로 망한다'고 하면서 토머스 뮌처를 비롯한 여러 설교자들이 농민들의 무력 폭동을 부추기는 것을 막으려고 했다.

그러나 루터의 말은 효과가 없었다. 여름철이 다가오자 농민들의 폭동이 시작되었고 그것은 점점 더 폭력적이 되어 갔다. 급기야 에르푸르트와 잘충엔은 농민들로 구성된 반군의 수중에 들어가게 되었다. 곳곳에서 살인과 약탈이 자행되었다. 1525년 4월 말에는 40개의 수도원과 수많은 성이 농민들의 폭력으로 파괴되었다. 마침 루터는 알브레히트 폰 맨스필드Albrecht von Mansfield 백작의 요청으로 라틴어 학교를 세우고자 멜란히톤과 함께 아이슬레벤Eisleben을 방문하는 도중에 이런 소식을 듣게 되었다.

루터는 사태가 심각하다는 것을 깨닫고 아이슬레벤에서 돌아오는 길에 《약탈과 살인을 일삼는 농민 떼거리들에 대항하여》를 썼다. 루터는 이 짧은 소책자를 통해 세 가지의 잘못을 지적하며 농민들을 꾸짖었다. 첫 번째는 농민들이 정부에 대한 순종의 의무를 손상시킨 것, 두 번째는 그들이 폭동을 일으켜 강도와 살인으로 공공의 지역 평화를 파괴한 것, 세 번째는 자신들의 행위를 복음으로 정당화함으로써 복음을 남용하여 하나님을 비방하는 죄를 범한 것이었다. 루터는 농민들을 향해 미친개와 같다는 표현도 서슴치 않았다.

그러므로 반란보다 더 악의 있고 고통을 주거나 흉악한 일은 있을 수 없다는 것을 명심하면서 은밀하게 또는 공공연하게 누구나 치고, 살해하고, 찔러 죽이게 하라. 사람이 미친개를 죽여야 하는 것처럼 여러분이 그를 죽이지 않으면 그가 당신을 칠 것이요, 당신과 더불어 온 땅을 칠 것이다.

루터는 "지금은 은혜의 시대가 아니요, 칼의 시기다"라고 하면서 극단적인 폭동자들을 정부에서 공권력이라는 외적 수단을 사용해서 필요한 만큼 단호히 대처하도록 촉구했다. 루터의 말에 힘을 얻은 제후들은 칼을 들고 농민 전쟁을 막기 시작했다. 하나님이 적들의 총탄에서 우리를 보호하신다고 장담했던 뮌처에게 설득당한 농민 1만 명이 1525년 5월 15일에 프랑켄하우젠Frankenhausen으로 모였다. 농민들은 헤세Hesse와 작센Saxony 및 브런즈윅Brunswick의 제후들의 연합군과 맞서게 되었다. 결과는 참담하게 끝났다. 농민들 5천 명 정도가 들판과 거리에서 죽었고, 300명은 법정에서 참수형을 당했다.

반란의 중심 도시였던 뮐하우젠Mühlhausen은 1525년 5월 19일에 함락되었다. 이렇게 농민전쟁에 희생된 사람은 10만 명에 달했다. 전투가 막바지에 달했을 때 농민운동의 지도자였던 뮌처는 어떤 집에 들어가 이불을 뒤집어 쓰고 숨어 있다가 체포되어 혹독한 고문을 받고 1525년 5월 27일 처형되었다.

농민 전쟁은 끝이 났지만 루터에게는 많은 손실과 오해를 안겨 주었다. 농민 전쟁에 대한 루터의 소극적인 태도와 농민들에 대한 탄압을 권고하는 글로 인해 많은 지지 세력을 잃었다. 농민들은 루터를 향해 '두 입을 가진 자', '거짓말 박사', '기회주의 박사'라고 조롱했고, 심지어 멜란히톤

마저도 다음과 같이 말하며 루터에 대한 실망을 표현했다.

우리 독일이 그의 이해심과 열정을 필요로 하는 바로 이 때, 루터는 그저 매우 즐겁게 살면서 그의 명성에 먹칠을 하고 있다.

루터의 '두 왕국설'에 기초한 정치와 국가관이 세상 나라에 대한 하나님의 주권적 통치와 사회에 대한 책임을 약화시켰다는 비난을 피할 수 없었다. 또한 루터는 구교 측으로부터도 그의 종교개혁이 농민전쟁의 원인을 제공했다는 비난을 받았다. 결국 새로운 개신교회의 건설은 큰 타격을 입게 되었다.

5장

은혜로, 믿음으로, 오직 그리스도로

비텐베르크의 새벽별과의 인연

1523년 초, 루터는 그리마Grimma의 님브셴Nimbschen에 있는 시스턴 수도회 소속 마리엔트론 여자 수도원으로부터 한 통의 편지를 받았다. 루터로 말미암아 수도원에 불어닥친 새로운 복음 사상은 그곳 수녀들에게 수도원에 남아 있어야 할 소명감을 사라지게 만들었다. 그래서 그중에 수도원에서 벗어나기를 원하는 수녀들이 루터에게 그 수도원에서 탈출할 수 있도록 도와달라고 요청한 것이다.

루터는 토르가우 출신의 상인 레온하르트 코페Leonhard Koppe에게 부탁했고, 그는 1523년 4월 4일 수도원에서 12명의 수녀를 커다란 생선통에 숨겨서 데려왔다. 그 중 9명은 친척들이 종교개혁의 적대적인 지역에 살고 있어 고향으로 돌아갈 수 없었기 때문에 루터의 중재로 비텐베르크로 오게 되었다. 루터는 그 수녀들의 안정된 신분과 생계를 위해 한 명씩 중매를 서서 결혼을 시켰다.

8명의 수녀가 루터의 중매로 가정을 이루고 새로운 생활을 시작했는데 카타리나 폰 보라Katharina von Bora라는 수녀만이 짝을 찾지 못했다. 루터가 두 번이나 중매를 섰는데, 처음 소개한 뉘른베르크의 젊은 귀족은 집으로 돌아가서 다른 여자와 결혼했고, 두 번째로 소개한 사람은 카타리나가 거절했다. 그녀는 그 남자를 거절하면서 무심코 내뱉은 "그 사람과 결혼할 바에는 차라리 루터와 결혼하겠어요"라는 말이 실제로 정확한 예언이 되어버렸다.

카타리나는 진짜로 루터와 결혼하겠다는 것이 아니라, 42살이나 된 루터가 차라리 나을 만큼 그 남자가 싫다는 뜻이었다.

루터는 평소에 결혼의 장점을 칭찬했고, 그것에 대해 긍정적으로 생각하고는 있었지만 정작 자신은 결혼할 생각을 갖지 못했다. 왜냐하면 언제 어디서 황제의 세력이 나타나 그를 체포해서 잡아갈지 몰랐고, 그런 죽음의 위협 속에서 결혼생활은 어울리지 않는다고 생각했기 때문이다.

그러나 이런 루터의 생각에 변화가 생기기 시작했다. 그는 1525년 4월에 아이슬레벤을 방문하면서 도중에 맨스필드에 있는 부모님을 방문했다. 그때 루터의 아버지는 루터가 이제는 가정을 이루어서 자기 가문의 대를 이어주기를 원한다고 얘기했다. 그런 아버지의 말에 루터는 자기도 모르게 탈출한 수녀들 중에 마지막으로 남은 카타리나에 대한 책임감 같은 것을 느꼈다.

내가 만약 카타리나와 결혼해서 후손을 낳는다면 카타리나도 안정된 신분이 되고, 20년 전 갑자기 집을 나와 수도원으로 들어가버린 부모님에 대한 커다란 불효도 갚을 수 있을 텐데….

그리고 1524년 가을, 루터는 자신의 복음적 가르침을 몸소 보이고자 수도사복을 벗어버린 상태에서 결혼에 대한 자신의 가르침을 실천하고자 했다. 특히 그는 자신의 결혼을 결심하며 친구 요한 루헬Johann Ruehel에게 보낸 편지에서 자신은 농민전쟁의 위급한 상황 때문에 곧 죽을 것 같다고 말했다. 그럼에도 불구하고 그는 죽음이 찾아오기 전에 마귀를 무찌르기 위해서 결혼을 해야겠다고 썼다.

루터는 종말에 하나님이 오시면 인간은 이 세상에서 살라고 하신 그 자리를 지키고 있어야 한다고 생각했다. 그래서 결혼을 하는 것이 원수 마귀를 대적하는 한 방법이라고 믿었다. 그 때문에 루터는 많은 사람의 오해 속에 농민전쟁의 폭풍 중에도 급하게 결혼을 추진했던 것이다.

루터는 카타리나에게 청혼했고, 두 사람은 1525년 6월 13일에 공식적으로 약혼했다. 당시 루터는 42세였고 카타리나는 26세였다. 결혼식은 수도원에서 사제인 부겐하겐 Buggenhagen의 주례로 조촐하게 치러졌다. 결혼식 연회는 고향의 부모님과 친구들을 초청해야 하는 관계로 2주 후에 열렸다.

결혼 후 루터는 그 전에는 경험하지 못한 행복을 경험했다. 루터 부부에게는 요한네스, 엘리자베스, 막달레나, 마르틴, 파울, 마가렛 이렇게 6명의 자녀가 태어났다. 뿐만 아니라 친척 가운데 고아가 된 4명의 아이와 함께 대가족을 이루며 살았다.

  카타리나는 좋은 아내였다. 그녀는 새벽 4시에 일어나 저녁까지 집안 살림과 밭, 과수원, 가축 사육, 맥주 양조의 일 등을 열심히 했다. 그리고 그녀는 늘 밝은 목소리로 루터를 '사랑하는 캐트 씨'라고 불렀다. 나중에는 집에 하숙생도 들였는데, 그들은 대부분 루터에게 한 수 배우러 온 청년들이었다. 이들은 식사를 할 때도 수첩을 들고 와서 루터가 하는 말들을 받아 적었다. 후에 이것은 《탁상담화》라는 제목의 책으로 출판되었다. 카타리나는 하숙생들까지 포함해서 총 25명이 넘는 대식구의 살림을 꾸렸다. 루터는 이렇게 새벽부터 일어나 부지런히 남편의 사역과 가사에 힘을 쏟았던 아내에게 '비텐베르크의 새벽별'이라는 애칭을 붙여 주었다. 이런 카타리나의 가정생활은 수세기 동안 독일 가정의 모본이 되었다.

에라스무스와 츠빙글리와의 논쟁

종교개혁이 유럽 전역으로 확산되어 가면서, 루터는 스위스 출신의 인문학자 에라스무스Erasmus와 교류하게 되었다. 에라스무스는 루터의 안전을 위한 진정서를 교황에게 보내기도 하는 등 서로 우호적인 관계였다. 그러나 에라스무스는 루터가 좀 더 온건한 태도를 취하기를 바랐고, 인간의 자유의지에 대한 루터의 주장에 거부감을 느꼈다. 이렇게 루터에 대한 감정이 좋지 않게 흘러가던 중에 에라스무스는 영국의 왕 헨리 8세Henry VIII와 교황 레오 10세가 죽고 난 후 새롭게 교황이 된 아드리아누스 6세Adrianus VI로부터 권유 받은 것이 계기가 되어 1524년 9월에 《자유의지론》을 출간했다.

에라스무스는 자신의 책에서 성경에는 자유의지를 지지하는 구절들과 또 반대하는 구절들이 분명히 존재하기 때문에, 이 두 주장 중 어느 한쪽으로 치우치기보다는 인간의 자유의지와 하나님의 구원 역사를 조정하는 중간적인 이해를 가져야 한다고 주장했다. 또한 그는 인간 구원 시작과 완성 사이에는 부분적으로 하나님의 은총에서 멀어지지 않으려고 하는 인간의 자유의지가 작용한다고 했다.

이에 대해 루터는 에라스무스의 글들이 그리스도의 신성에 대한 노골적인 공격으로 차 있다고 여기고 1525년 가을에 《노예의지론》을 썼다. 루터는 에라스무스의 주장에 반박하며 인간의 의지는 세속적인 일들을 결정할 때만 자유를 가지고 있고, 하나님과의 관계에서 인간의 의지는 완전히 부자유하다고 주장했다. 그래서 그는 인간의 구원은 전적으로 하나님께 달린 것이지 인간의 자유의지는 아무런 역할을 하지 못한다고 반박했다.

에라스무스는 루터의 그런 교리가 사람이 선을 행하려는 의욕을 앗아가서 도리어 도덕적인 나태함을 초래한다고 했다. 또한 사람에게는 구원으로 이끄는 하나님 은총의 수단에 의지할 것인가 또는 의지하지 않을 것인가 선택할 능력이 있고 그 능력을 이용하는 것은 각자에게 달려 있다고 하면서 루터의 주장을 반박했다.

그러나 결론적으로 루터가 에라스무스에 대해 반박하며 보인 무례하고 과격한 태도와 인간의 자유의지가 완전히 속박되었다는 주장으로 인해 수많은 지지자를 잃어버리게 되었다.

한편, 1529년 10월 2일 헤센Hessen 주의 필리프Philip 백작의 주재로 마르부르크Marburg에 있는 자신의 성에서 종교 개혁 운동의 장래에 결정적인 결과를 가져온 '마르부르크 회담'이 열렸다. 이 회담에는 종교개혁이 진영을 분열시키고 있는 성만찬에 대한 의견 차이를 해결하기 위해 루터와 그의 진영 사람들, 그리고 스위스의 종교개혁자 츠빙글리Zwingli와 그의 진영 사람들이 초청되었다.

이 회담에서 츠빙글리는 요한복음 6장 63절 "살리는 것은 영이니 육은 무익하니라"는 구절을 바탕으로 영이신 하나님은 인간의 영혼에 영적인 방식으로 역사하신다고 하면서 이미 그리스도의 몸은 하늘에 승천하셔서 하나님의 오른편에 있기 때문에 도저히 성만찬시에 빵과 포도주에 그리스도가 물리적으로 현존할 수 없다고 주장했다.

이에 반해 루터는 마태복음 26장 26절의 "예수께서 떡을 가지사 축복하시고 떼어 제자들에게 주시며 이르시되 받아서 먹으라 이것은 내 몸이니라"는 구절을 근거로 성만찬시에 빵에는 문자 그대로 그리스도의 몸이 담겨 있다고 주장했다. 그는 1527년에 이미 츠빙글리 측의 주장을 반박하는 책인 《열광주의에 반대하여, '이것은 내 몸이요'라는 그리스도의 이 말씀을 확신해야 한다는 것》에서 다음과 같이 썼다.

성만찬에서 우리는 진실로 그리고 실제로 그리스도의 몸을 먹고 그분을 받아들인다. 그러나 이 일이 어떻게 발생하고 그리스도가 어떻게 빵 안에 있는지 우리는 모르며, 알게 되어 있지 않다. … 성령의 말씀, 물, 그리스도의 몸, 세상에서 그의 성도처럼 물질적인, 현세적인 것이 아니라면 우리와 함께 계실 수 없다.

10월 3일 주일 저녁, 결국 마르부르크 회담은 우울한 분위기에서 아무 성과 없이 끝났다. 이것은 종교개혁 운동이 통일된 영성과 신학, 그리고 군사 전선을 갖지 못하게 만들었던 것이다.

아우크스부르크 신앙고백

루터는 종교개혁으로 새로워진 교회들을 위해 전례와 기도문, 그리고 찬송가집을 작성했다. 루터는 그 유명한 〈내 주는 강한 성이요Ein feste Burg is unser Gott〉를 비롯해 39편의 찬송가를 지었다. 이렇게 루터가 만든 예배의 모범과 찬송가는 새로운 예배의 틀이 되었다.

1529년 4월에 개최된 제2차 슈파이어 제국회의에서 황제 카를로스 5세는 잠정적으로 루터파를 인정했던 제1차 슈파이어 제국회의의 결정을 번복했다. 그는 가톨릭만이 합법이라고 재천명하며 루터의 가르침을 박멸하려고 애썼지만, 루터파를 자처한 귀족들의 저항으로 무산되었다.

이에 항의하는 루터파를 가리켜 '항의하는 자'란 뜻의 프로테스탄트Protestant라고 부르게 되었다. 오늘날 '프로테스탄트'라는 이름은 바로 여기서 유래된 것이었다.

1530년, 결국 이 문제를 다시 처리하고 싶었던 황제 카를로스 5세는 교회를 재통합하기 위해 교황에게 반대하는 모든 독일 귀족에게 아우크스부르크에서 개최될 제국회의에 참석하라고 명령했다. 교황의 선고와 황제의 파문으로 인해 이단으로 규정된 루터는, 다시는 황제 앞에 설 수 없었기 때문에 루터 대신 멜란히톤이 루터파의 대표단을 이끌고 참석했다. 루터는 제국회의 기간 내내 그들과 긴밀하게 연락할 수 있도록 가까운 코부르크Coburg 성에 머무르며 수시로 편지를 주고받았다.

드디어 1530년 6월에 아우크스부르크 독일 제국의회가 열렸고, 여기서 멜란히톤은 루터파 신앙의 교리를 28개조로 정리한 〈아우크스부르크 신앙고백〉을 내놓았다. 이것은 루터의 개혁 신학에 대한 최종 결정판이었고, 코부르크 성에서 이것의 사본을 받아본 루터는 아주 기뻐했다. 아우크스부르크 신앙고백에는 '오직 은혜로Sola gratia', '오직 믿음으로Sola fide', '오직 그리스도로Sola Christus'라는 객관적이고 보편적인 구원의 메시지가 담겨 있었다.

그러나 3개월에 걸친 긴 토론 끝에 카를로스 5세는 프로테스탄트들이 가톨릭교회로 돌아와야 한다고 평결을 내렸다. 황제는 6개월의 유예기간을 주겠다고 하며 루터파를 협박했지만 결국 루터파는 이것을 거절했다. 이로써 아우크스부르크 제국의회는 가톨릭과 프로테스탄트 양 진영의 화해가 현실적으로 불가능하다는 것을 보여 주었다. 1545년 새롭게 교황이 된 바울 3세Paul III는 트렌트 공의회를 소집했고, 마침내 로마 가톨릭은 루터파를 비롯한 프로테스탄트를 정죄하여 배척했다. 이로 인해 유럽 교회는 완전히 분열되었다.

루터는 50세가 넘어가면서 그동안 싸워온 치열한 투쟁들로 건강이 많이 약화되었고, 그로 인해 육체적인 고통과 종종 영적인 침체를 겪어야 했다. 루터가 당시 유스투스 요나스Justus Jonas에게 쓴 편지에 보면 그러한 자신의 연약한 상태에 대해 다음과 같이 기도를 요청했다.

날 위해 기도하고, 나와 더불어 투쟁을 그치지 마오. 요나스, 때로 영적 시련은 약해지기도 하지만, 다시 올 땐 더 맹렬해진다오. 그리스도가 나를 버리시지 않도록 …. 내 믿음이 세상 끝날 때까지 멈추지 않도록 기도해 주시오.

루터는 이런 고통 속에서도 매주 대학에서 네 차례씩 강의하고, 책을 쓰고, 비텐베르크 시민들을 목회적으로 돌보고, 유럽에서 일어나는 중요한 사건들에 대해 개입하는 일들을 계속해 나갔다. 프리드리히 백작이 죽고 난 후 그의 후계자가 된 동생인 선제후 요한은 형보다 더 적극적으로 루터를 지지하고 많은 도움을 주었다.

하나님께 영혼을 부탁하다

1545년 11월, 루터는 비텐베르크에서 〈창세기〉에 대한 마지막 강의를 마치고, 형제지간이었던 두 백작의 상속권 논쟁을 해결하고자 고향인 맨스필드로 떠났다. 이렇게 루터는 문제 해결을 위해 맨스필드를 여러 번 방문했다. 결국 2월에 루터가 아이슬레벤에 방문해서 논쟁의 최종 내용을 정리하면서 문제는 잘 해결되었다.

그는 그곳에 머물면서 1546년 2월 17일에 장크트 안드레아 교구 교회에서 설교를 하게 되었는데 설교 도중 말을 더듬거리다가 더 이상 설교를 계속 할 수가 없어 부축을 받아 강단에서 내려와 길 건너 숙소로 옮겨졌다. 기운을 차린 루터는 동행한 사람들과 함께 저녁을 먹고 약을 먹은 후 잠들었다. 다음 날 새벽 사람들을 불러 방이 추우니 따뜻하게 난방을 해달라고 부탁했다. 이미 방은 충분히 따뜻했지만 루터는 점점 추운 느낌을 받았다. 그리고 잠시 후 자신을 둘러싼 사람들 중 유스투스 요나스에 말했다.

"오, 주 하나님! 제가 너무 아픕니다. 아! 아이슬레벤에 머물고 싶습니다."

루터는 다시 몸에 고통이 오자 의식을 조금씩 잃어갔다. 그러면서 조용히 말했다. "내 영혼을 내려놓아야 하겠습니다." 그러고는 갑자기 큰 소리로 하나님께 감사를 드리며 이렇게 외쳤다.

"저의 비천한 영혼을 당신 손에 부탁하나이다! 비록 제가 이 몸을 떠나지만 당신 곁에 있을 것을 압니다." 그러고 나서 루터는 요한복음 3장 16절을 세 번 암송했다. "하나님이 세상을 이처럼 사랑하사 독생자를 주셨으니 이는 그를 믿는 자마다 멸망하지 않고 영생을 얻게 하려 하심이라."

다시 약을 먹고 잠시 진정하게 된 루터는 라틴어로 다음과 같이 말했다.

저는 이제 영혼을 내려놓으려고 합니다. 아버지여! 저의 영혼을 부탁하나이다! 저를 구원하신 주님! 진리의 하나님이시여!

이 말을 마친 후 루터는 아무 말도 하지 않고 눈을 감고 있었다. 루터의 아들들이 맥박을 짚으면서 귀에 속삭였다. "존경하는 아버지, 그리스도와 당신이 전파했던 교회와 함께 있으십니까?" 그러자, 루터는 눈을 감은 채로 나지막이 대답했다. "예!"

그런 후 돌아누웠다. 잠시 잠을 자던 루터의 몸이 점점 차가워졌다. 1546년 2월 18일 목요일 오전 3시, 루터는 자기가 태어난 집 근처인 아이슬레벤의 작은 숙소에서 마지막 숨을 거두었다.

이로써 루터는 평생 거의 하루도 빠짐없이 매일 4시간씩 기도하며 진리를 위해서 해왔던 엄청난 싸움에 영원한 안식의 마침표를 찍었다. 어린 시절 침대 밑에 움츠려 두려움에 떨곤 했던 겁 많은 한 소년을, 세계를 뒤흔든 종교 개혁자로 온전히 사용하신 하나님은 이제 그를 거두어 천국에서 기쁘게 맞이하셨다.

500년 가까이 흐른 지금, 죽음을 두려워하지 않고 오직 성경으로 돌아가기만을 간절히 바랐던 그 한 사람의 찬송은 전 세계 교회에서 여전히 힘차게 울려 퍼지고 있다.

내 주는 강한 성이요 방패와 병기되시니
큰 환란에서 우리를 구하여 내시리로다.
이 장수 누군가 주 예수 그리스도 만군의 주로다.
당할 자 누구랴 반드시 이기리로다.
친척과 재물과 명예와 생명을 다 빼앗긴대도
진리는 살아서 그 나라 영원하리라. 아멘.

생애 연보

1483	아이슬레벤에서 태어남
1502	에르푸르트 대학에서 학사 학위 받음
1507	사제로 안수 받음
1510	로마를 방문
1512	신학 박사가 됨
1513	대학 강의 시작
1517	'95개조 반박문'을 비텐베르크 성채교회 문에 붙임
1518	아우크스부르크 청문회
1519	라이프치히 논쟁
1520	종교개혁 3대 저서인 《독일 기독교 귀족에게 보내는 서한》, 《교회의 바벨론 포로》, 《그리스도인의 자유》 집필
1521	보름스 제국회의에서 이단으로 파문당함 바르트부르크 성에서 은둔 생활 시작
1522	비텐베르크로 돌아옴 독일어 신약 성경 출판
1525	카타리나 폰 보라와 결혼

	《약탈과 살인을 일삼는 농민 떼거리들에 대항하여》씀, 에라스무스에 반박해《노예의지론》씀
1529	마르부르크 회담
1530	아우크스부르크 제국회의
1534	독일어 성경 신구약 합본 출판
1546	아이슬레벤에서 사망

참고문헌

- 라인하르트 슈바르츠, 정병식 역, 《마틴 루터》, 한국신학연구소, 2007.
- 마이크 피어론, 김경열 역, 《불굴의 종교 개혁자》, 기독신문사, 2004.
- 마틴 루터, 유재덕 역, 《마틴 루터의 기도》, 브니엘, 2008.
- 김선정, 《세계를 뒤흔든 종교 개혁자 마르틴 루터》, 겨자씨, 2007.
- 레그 그랜트, 홍종락 역, 《소설 마르틴 루터 Ⅰ, Ⅱ》, 홍성사, 2004.
- 그레이엄 톰린, 이은재 역, 《마르틴 루터》, 도서출판 예경, 2006.
- 한국종교개혁시민연대, 종교개혁칼럼모음(http://www.krts.or.kr, 2011. 5. 13.)
- '어린양' 블로그, 독일의 종교개혁(4), (http://blog.naver.com/rebekahsmr/80132408416.)
- 위키백과, 마르틴 루터, (http://ko.wikipedia.org, 2011. 5. 10.)
- 김명혁, 〈김명혁 칼럼〉 마르틴 루터와 종교개혁 (4)~(12), 《크리스천투데이》, 2006. 8. 16 ~ 2006. 10. 21.

믿음의 거장 시리즈

기독교 역사를 바꾼 영적 거장의 생애를 읽는다!

설교, 목회, 신학, 기도, 선교, 영성 각 분야에서 하나님께 쓰임받은 신앙 위인들의 삶을 차례로 조명해 본다. 생애에 드러난 감동적인 이야기와 구속사적 역사관에 근거한 내용 전개로 독자들에게 영적 도전을 줄 것이다. 평신도와 신학생, 목회자에 이르기까지 누구나 쉽게 읽을 수 있다.

01 장 칼뱅 송삼용 지음 | 4×6판 변형 양장 | 160쪽 | 7,000원
세상과 타협하지 않는 개혁자이자 성도의 영혼을 돌보는 목회자로, 경건함의 본이 된 사람

02 찰스 스펄전 송삼용 지음 | 4×6판 변형 양장 | 160쪽 | 7,000원
천부적 재능을 소유한 설교자로, 영국을 복음으로 일으키고 세기적 부흥을 주도한 목회자

03 조지 뮬러 송삼용 지음 | 4×6판 변형 양장 | 164쪽 | 7,000원
수많은 고아의 아버지이자, 하나님을 위해 자신의 모든 것을 철저하게 포기한 기도의 사람

04 조지 휘트필드 송삼용 지음 | 4×6판 변형 양장 | 164쪽 | 7,000원
들풀처럼 강인한 최초 야외 설교자로, 모든 교파를 초월하고 한 시대를 움직인 강한 목회자

05 데이비드 브레이너드 송삼용 지음 | 4×6판 변형 양장 | 160쪽 | 7,000원
인디언을 위해 일생을 바친 설교자로, 뼈가 부서지는 순간까지 은혜의 씨앗을 뿌린 목회자

06 조나단 에드워즈 송삼용 지음 | 4×6판 변형 양장 | 164쪽 | 7,000원
한평생 하나님의 능력에 사로잡혀 신학을 집대성한 미국 최고의 신학자이자 대부흥사

07 로버트 맥체인 송삼용 지음 | 4×6판 변형 양장 | 164쪽 | 7,000원
그리스도를 본받아 온전히 순종하는 삶과 경건한 삶의 본을 보여준, 영혼을 울린 설교자

08 존 오웬 송삼용 지음 | 4×6판 변형 양장 | 160쪽 | 7,000원
천부적인 지성과 탁월한 영성을 바탕으로 가장 방대한 저서를 완성한 청교도 신학자

09 윌리엄 캐리 송삼용 지음 | 4×6판 변형 양장 | 164쪽 | 7,000원
인도에서 활동한 영국 침례교 선교사로, 성경 번역에 앞장선 개신교 현대 선교의 아버지

10 허드슨 테일러 송삼용 지음 | 4×6판 변형 양장 | 164쪽 | 7,000원
중국을 품은 선교사로, 오직 중국 선교를 위해 치열하게 헌신하면서 복음을 전한 사람

11 길선주   김학중 지음 | 4×6판 변형 양장 | 152쪽 | 7,000원
독립운동가이자 교육가로, 한국 교회의 기초를 다지고 부흥의 바람을 일으킨 주역

12 주기철   김학중 지음 | 4×6판 변형 양장 | 152쪽 | 7,000원
흔들리지 않는 굳건하고 담대한 믿음으로, 목숨 걸고 하나님의 명령을 지킨 순교자

13 손양원   김학중 지음 | 4×6판 변형 양장 | 152쪽 | 7,000원
원수를 양자로 삼아 예수님의 사랑을 실천하고, 나환자들의 영혼을 돌본 믿음의 사람

14 장기려   김학중 지음 | 4×6판 변형 양장 | 152쪽 | 7,000원
약하고 불쌍한 이들을 위해 평생을 바쳐 봉사하며 버팀목이 되어준 한국의 슈바이처

15 조만식   김학중 지음 | 4×6판 변형 양장 | 152쪽 | 7,000원
민족의 십자가를 지고 독립운동과 민족 통일 운동에 힘쓴 기독교계의 중진, 한국의 간디

16 드와이트 무디   김학중 지음 | 4×6판 변형 양장 | 152쪽 | 7,000원
미국 침례교의 평신도 설교자로, 어린이와 청년, 군인에게까지 사랑받은 감성적인 사람

17 어거스틴   김학중 지음 | 4×6판 변형 양장 | 152쪽 | 7,000원
고대 신플라톤주의 철학과 기독교를 결합하여 중세 사상계에 영향을 준 교부 철학의 성자

18 마르틴 루터   김학중 지음 | 4×6판 변형 양장 | 156쪽 | 7,000원
부패한 로마 가톨릭 교회에 대항해 은혜를 통한 구원과 성서의 권위를 강조한 종교개혁자

19 존 웨슬리   김학중 지음 | 4×6판 변형 양장 | 160쪽 내외 | 7,000원
위대한 전도자이자 신학자로, 복음 전파에 초인적으로 헌신하고 복음 해석에 기여한 사람

20 데이비드 리빙스턴   김학중 지음 | 4×6판 변형 양장 | 160쪽 내외 | 7,000원
아프리카를 개척한 선교사로, 아프리카 오지 깊숙한 곳에서 그들을 위해 헌신한 사람